VOYAGES ET DÉCOUVERTES

...DES MARINS FRANÇAIS

...militaires, Exploits
...les beaux faits d'armes
...armées navales

PARIS

...LIBRAIRIE...
...rue de Buci.

maîtres et des rivaux qui commentent l'opinion
et du salon; qui parlent à droite, à gauche, p
incessamment, le geste haut, l'accent bref, inso
et fiers — qui parlent avec autorité — toujours i
— la même langue, la même pensée, véritable
l'âne mystificateur.

Je ne suis point un homme de médisance, m
Brasseur; loin de là. Seulement, ayant eu main
occasion de constater avec douleur l'abaissemer
peinture, et la part que pouvait prendre la criti

VIES

AVENTURES ET DÉCOUVERTES

DES CÉLÈBRES

MARINS FRANÇAIS.

Marine française.

VIES

AVENTURES ET DÉCOUVERTES

DES CÉLÈBRES

MARINS FRANÇAIS

Voyages, Expéditions militaires, Exploits,
Batailles, Abordages; enfin tous les beaux faits d'armes
et illustrations de nos armées navales,

PAR LÉON QUENTIN

PARIS,

LE BAILLY, LIBRAIRE

Rue Cardinale, 6, près la rue de Buci.
(Faubourg Saint-Germain).

1861

TABLE

	Pages.
Introduction	5

Jean de Vienne	9
Préjean de Bidoulx	14
Jacques Cartier	19
Tourville	24
D'Estrées	29
Forbin	34
Montbars	38
M. de Vivonne	42
Cassard	47
Mahé de la Bourdounais	51
Suffren	55
Bougainville	59
Marion	64
D'Estaing	68
La Motte-Piquet	72
Du Couëdic de Kergoualer	76
La Pérouse	81
Villaret-Joyeuse	85
Surcouf	89
Dupetit-Thouars	93
Appendice	97

FIN DE LA TABLE.

INTRODUCTION

La France, baignée par deux mers, est essentiellement maritime par les besoins de son industrie et le caractère des populations de son littoral. Les souvenirs glorieux de son histoire navale le prouvent assez. Aussi, de tout temps, a-t-elle enfanté des marins célèbres. Si les Gaulois, nos ancêtres, nous avaient légué des monuments historiques, nous pourrions commencer ce livre à l'époque la plus reculée de notre histoire. Malheureusement il n'en est pas ainsi, et nos premières illustrations maritimes sont perdues dans les ténèbres du passé. Seuls, les Commentaires de César témoignent de la puissance navale des Celtes, par les efforts que fut obligé de faire ce général pour dompter les hommes de cette nation sur mer comme sur terre. La colonie phocéenne de Marseille, plus heureuse que le restant de la Gaule, a laissé deux noms illustres à la postérité, ce sont ceux des navigateurs Pythéas et Euthymènes qui vivaient environ trois cents ans avant Jésus-Christ et qui visitèrent, d'un côté, les Iles britanniques et la Norwége, et de l'autre, les côtes jusqu'alors inexplorées du Sénégal.

De leur côté, les Francs avaient déjà une marine au temps où florissaient celles des Phéniciens, des Romains et des Carthaginois. Ils ne se servaient, à la vérité, que de barques très-grossières appelées *carabes*, construites en osier et doublées de cuir à l'extérieur, mais, malgré ces misérables ressources, leur expérience nautique unie à leur farouche intrépidité les avait rendus redoutables sur l'océan, et l'empereur Probus se vit contraint de rassembler toutes les forces navales de l'empire romain, pour venir à bout d'une poignée de pirates francs qui infestaient les côtes de ses états.

Aussi lorsqu'ils furent maîtres de la Gaule, les Francs se hâtèrent-ils d'utiliser la vaste étendue de ses rivages. Dès les temps mérowingiens, nos rois avaient une marine, et lorsque vers le sixième siècle, les pirates danois vinrent ravager le littoral, Thierry, roi d'Austrasie, envoya son fils Théodebert pour les combattre. Celui-ci atteignit l'ennemi au moment où il s'enfuyait chargé de butin, l'attaqua, le rompit et recouvra toutes les richesses enlevées. Le roi des Danois périt dans cette action.

L'histoire a conservé les noms de deux marins illustres du règne de Charlemagne. C'est d'abord le comte de Guy qui combattit les Angles et les Saxons en 791, et le connétable Buschard qui défit complètement les Maures en 807. Charlemagne eut, en outre, de nombreuses luttes à soutenir contre les Normands, les Vénitiens et les Grecs. Son fils Pépin reçut plusieurs fois le commandement de ses flottes et se signala en attaquant Venise jusque dans ses lagunes.

Les croisades comptèrent aussi leurs grands hommes de mer, entre autres Guinimer qui commanda la flotte de Philippe-Auguste, et Florent de Varennes qui conduisit saint Louis en Palestine. L'histoire cite encore honorablement Enguerrand, sous Philippe-le-Hardi ; et, sous Philippe-le-Bel, Erard de Montmorency qui battit les Anglais et brûla la ville de Douvres.

Le règne de Philippe de Valois est fameux dans les annales de l'histoire maritime par la désastreuse bataille de l'Ecluse, livrée le 24 juin 1340.

Le roi Edouard III, d'Angleterre, voguait à pleines voiles vers la France, entouré de l'élite de ses chevaliers et de ses archers. La flotte française l'attendait entre Blankenberghe et l'Ecluse. Cette flotte malheureusement mal commandée, obéissait à l'amiral Hugues Quiéret (ou Hue-de-Kerel), qui avait sous ses ordres Nicolas Béhuchet et le corsaire génois Barbavara, allié de la France ; elle avait, depuis deux ans, fait un dommage immense aux Anglais, soit en s'emparant de leurs navires de commerce, soit en opérant des descentes sur les côtes britanniques. Le combat, dès son début, fut terrible. Les Anglais étaient animés d'un sentiment de vengeance longtemps comprimé ; ils assaillirent d'abord un gros navire, *le Christophe*, que les Normands leur avaient enlevé l'année précédente et le reprirent après une lutte acharnée. De là, ils s'élancèrent à l'abordage des autres nefs, que l'impéritie des chefs avait entassées dans une baie étroite, ce qui neutralisait entièrement l'effet de leur grand nombre. Nous avions en outre contre nous la mer, le vent et le soleil. On combattit néanmoins pendant neuf heures avec le plus incroyable acharnement et en ne cédant les navires que les uns après les autres. En un mot, nos marins se montrèrent ce qu'ils furent toujours depuis, même dans leurs plus cruelles défaites, fiers, inébranlables et dévoués jusqu'au sublime à l'honneur de leur pavillon. Trente mille des leurs tombèrent dans la mêlée. Hugues Quiéret fut, dit-on, égorgé de sang-froid après l'action, et l'intrépide Béhuchet pendu au grand mât du vaisseau sur lequel il avait fait des prodiges de valeur pendant la journée.

On assure que personne ne voulait apprendre au roi de France la terrible étendue de son désastre, et que seul son bouffon l'en instruisit: « *Sire*, ajouta-t-il à la fin de son récit, *les Anglais sont des lâches, ils n'ont pas osé sauter dans la mer comme les Français et les Normands !* »

Malgré la destruction de notre flotte, d'autres capitaines tels que Jean Chapoi et le célèbre Tête-Noire ne craignirent pas, par la suite, de se mesurer avec nos redoutables ennemis, enivrés de leur victoire de l'Ecluse, et Louis d'Espagne, en 1343, soutint plusieurs combats contre les Anglais dans lesquels il eut constamment l'avantage.

HISTOIRE

DES CÉLÈBRES

MARINS FRANÇAIS

JEAN DE VIENNE

Né en 1320, sous le règne de Philippe de Valois, Jean de Vienne, issu des anciens comtes de Bourgogne, avait vingt ans à peine au moment de la défaite de l'Ecluse dont il devait nous venger plus tard d'une manière si éclatante.

Doué d'un grand génie maritime qui s'alliait chez lui à la plus excessive bravoure, il était appelé, non-seulement à relever notre marine par des faits glorieux, mais encore par d'utiles et ingénieuses innovations.

En 1347, c'est-à-dire à vingt-sept ans, nous le trouvons gouverneur de Calais et défendant les abords de cette place contre le victorieux Edouard III. Forcé de se rendre après un siége immortel, il fut fait prisonnier et conduit en Angleterre d'où il ne revint que pour recommencer à combattre les éternels ennemis de la France. C'est ainsi qu'on le voit se distinguer à la défense de Honfleur et dans plusieurs autres circonstances jusqu'à l'époque où, âge de près de soixante ans, il reçut le titre d'amiral pour aller porter la guerre sur les flots, son véritable élément.

De concert avec l'amiral de Castille, Fernand Sanche de Tomar, il commença, en 1377, ces sanglantes représailles que, dans sa juste haine pour les dévastateurs de sa patrie, il n'avait cessé de rêver depuis sa jeunesse. Côtoyant les rives anglaises, il prit et brûla les villes de Rye, Darmouth, Hasting, Plymouth, Yarmouth, Winchelsea, et ravagea l'île de Wight, dont les habitants ne se sauvèrent d'une extermination et d'une ruine complètes qu'en se rachetant au prix d'un tribut considérable.

Au bruit de ces exploits, l'Angleterre tout entière s'était émue. Le comte de Salisbury, à la tête de soixante mille hommes, fut chargé de mettre un terme aux incursions de l'habile capitaine, en suivant tous ses mouvements, de façon à se trouver toujours prêt à le jeter à la mer sur quelque endroit de la côte qu'il tentât de débarquer. Jean de Vienne le rencontra d'abord à l'attaque de Pool. Assailli par des forces supérieures au moment où il escaladait les remparts, l'amiral français n'eut que le temps de mettre le feu à un faubourg et de se retirer en toute hâte. Il ordonna alors des marches et contre-marches continuelles dans le but de fatiguer l'armée ennemie, puis, par une adroite manœuvre, il échappa à sa vigilance et apparut tout à coup devant Southampton, ne cessant, pendant un jour entier, d'envoyer des chaloupes pour reconnaître les points de débarquement. Aux clameurs de la ville menacée, Salisbury accourut d'un pas rapide. C'était justement ce qu'avait espéré de Vienne qui, la nuit venue, leva l'ancre dans le plus profond silence et fit immédiatement voile pour Lewes.

Il arriva devant ce port au soleil levant, et, sans s'inquiéter des préparatifs de résistance des habitans il lança ses canots à la mer. Le combat fut rude et, un instant, la victoire sembla pencher en faveur de nos ennemis ; mais la qualité essentielle de deVienne était la persévérance, il ne se découragea donc pas et ne cessa d'envoyer des renforts aux troupes engagées. Un triomphe complet couronna la fin de cette journée, Lewes tomba en notre pouvoir et l'amiral ne reprit la mer qu'après avoir saccagé la ville de fond en comble.

C'est alors seulement qu'il revint en France, non sans avoir fait encore une démonstration sur la ville de Douvres devant laquelle il trouva, cette fois, l'armée de Salisbury rangée en bataille. Satisfait d'avoir dignement soutenu l'honneur de son pavillon, de Vienne rapportait en outre d'innombrables dépouilles, et laissait derrière lui l'impression d'une profonde terreur.

On comprend que l'inaction ne pouvait convenir longtemps au vieux guerrier ; aussi dès que sa flotte fut ravitaillée, aussitôt que ses équipages furent reposés, il s'élança de nouveau sur l'océan, et se mit à faire une chasse impitoyable à tout navire ennemi qui osait s'aventurer en pleine mer. L'effroi recommença de régner dans les ports anglais, dont ces courses ruinaient le commerce. L'épouvante qu'elles inspirèrent se répandit jusque bientôt sur les vaisseaux de guerre et, lorsque Richard II voulut faire passer une armée en Bretagne, il la fit débarquer à Calais, dans la crainte qu'elle ne rencontrât Jean de Vienne sur la route de Brest.

C'est vers cette époque que, sur ses insinuations, Charles V projeta une descente sérieuse en Angleterre et en commença les préparatifs. Malheureusement la mort vint le frapper et son successeur, Charles VI, quoique animé d'abord d'un grand enthousiasme, céda bientôt aux intrigues du duc de Bourgogne, et contremanda l'expédition.

Frappé dans ses plus chères espérances, Jean de Vienne songea pourtant à tirer profit des armements commencés et offrit son concours aux Ecossais qui défendaient courageusement leur indépendance contre les armées de la Grande-Bretagne. Avec quinze cents hommes seulement il lève l'ancre, traverse audacieusement le détroit et va débarquer près d'Edimbourg, dans le port de Leith, où six mille montagnards se réunissent à sa petite troupe.

L'alarme se répand aussitôt à Londres ; le roi Richard rassemble quatre-vingt mille hommes et se dirige vers l'Ecosse. A l'aspect de cette imposante armée, les Ecossais sont saisis d'une terreur panique et se débandent, mais Jean de Vienne ne se déconcerte pas ; pendant que Richard, en route pour Edimbourg, franchit la frontière orientale de l'Angleterre, lui, par une marche savante et hardie, pénètre dans ses propres états par le côté opposé, traverse le Cumberland, les comtés de Lancastre et de Chester, et se promène en conquérant dans le pays de Galles. Richard s'élance en vain pour châtier le téméraire qui se joue de lui avec tant d'audace et de génie : il ne trouve plus que des ruines. Jean de Vienne, répétant la manœuvre qui lui avait si heureusement réussi une première fois, était rentré en Ecosse par une route tandis que le roi en sortait par une autre, avait rejoint ses navires et faisait tranquillement route pour la France.

Son retour y fut salué des acclamations les plus vives et l'on songea, de nouveau, à tenter une grande entreprise sur les Iles-Britanniques. Les préparatifs de l'expédition furent repris et poussés avec vigueur. Déjà (Septembre 1386) treize cent quatre-vingt-sept bâtiments se trouvaient réunis à l'Ecluse et prêts à transporter cent mille hommes de l'autre côté du détroit, sans parler de la flotte d'Olivier de Clisson qui s'ordonnait à Tréguier et qui devait se joindre à la grande armée navale. Le roi, lui-même, allait prendre part de sa personne à cette guerre vengeresse. Mais l'Angleterre, doutant de ses forces pour repousser une pareille invasion, employa la ruse et l'intrigue afin de la faire avorter. Son or triompha là où ses armes se fussent émoussées, elle corrompit quelques-uns des princes du sang et des plus grands seigneurs, et cette flotte brillante et justement redoutable ne sortit même pas de nos ports.

Ce fut le coup de grâce pour l'intrépide Jean de Vienne qui s'était vu sur le point de subjuguer enfin l'Angleterre, et qui, désespéré, quitta pour toujours le service maritime. On le retrouve en 1388, assiégeant Carthagènes avec le duc de Bourbon, puis, huit ans plus tard, à la bataille de Nicopolis où, déployant contre les Turcs sa vaillance accoutumée, il resta sur le champ de bataille avec quatre cents chevaliers qui le suivaient. C'était le 28 septembre 1396, le noble amiral avait alors soixante-seize ans, et malgré cet âge avancé, avait conservé toute l'intelligence et la brillante valeur de ses beaux jours.

Il avait eu deux contemporains illustres dans la marine : Jean de Buch, amiral du duc de Bourgogne qui, avec des navires marchands seulement, combattit pendant quarante-huit heures une escadre anglaise tout entière ; et Brise, qui s'emparant de Sandwich, brûla cette ville ainsi que les vaisseaux qui se trouvaient dans son port.

PREJEAN DE BIDOULX

Prejean de Bidoulx était le dernier-né d'un petit seigneur gascon ; les institutions féodales voulant que seuls les aînés héritassent de la succession paternelle, le jeune homme dut songer de bonne heure à s'ouvrir une carrière glorieuse et féconde. La profession militaire lui ayant déplu par ses chances lentes et incertaines d'avancement, il préféra embrasser la vie maritime qui séduisait son caractère naturellement aventureux par des hasards et des périls de tous genres.

Il fit sa première campagne en l'an 1500, dans une grande expédition dirigée contre les Turcs, et, pour ses débuts donna des preuves irrécusables de son aptitude à la navigation.

Dès ce moment, il ne cessa de se distinguer dans toutes les entreprises maritimes du règne de Louis XII. C'est lui qui ravitailla le château de l'Œuf, assiégé par une armée italienne secondée de la flotte de Gonzalès. C'est encore lui qui, aidé du capitaine Pierre de Velours et du seigneur de Laloudz, secourut Gayette entièrement bloquée par les Espagnols.

L'année 1502 ajouta encore à sa renommée. Cette nouvelle campagne, commencée sous les auspices les plus favorables, nous devint bientôt funeste par la trahison subite des Vénitiens, sur l'alliance desquels nous avions cru pouvoir compter. Prejean de Bidoulx se trouva même réduit à une telle extrémité qu'il ne lui restait plus qu'à rendre sa flotte à l'ennemi, mais plutôt que de lui abandonner ce glorieux trophée, il fit débarquer ses équipages et coula jusqu'à sa dernière galère. Puis il se rendit à Marseille, où une nouvelle flotte s'apprêtait à poursuivre la guerre, sous le commandement du marquis de Saluces, avec lequel il cingla vers Naples dans les premiers jours de juillet 1503.

Il illustra encore de ses exploits la campagne de 1507 qui le vit s'emparer de Gênes, et celle de 1510 dans laquelle il ruina le commerce ligurien, ravitailla toutes nos places et s'empara d'un des plus forts galions qu'on ait vus jusqu'alors.

En récompense d'aussi éminents services, Louis XII créa pour lui la charge de général des galères royales, et la guerre s'étant allumée, en 1513, entre la France d'un côté et l'Angleterre, l'Allemagne et la Suisse de l'autre, Prejean de Bidoulx fut appelé à préserver notre littoral de l'attaque des flottes anglaises.

Malheureusement nos forces navales étaient trop faibles pour obtenir d'importants résultats. Pendant que le grand-amiral Howard croisait dans l'Océan avec une multitude de navires de toutes grandeurs, Prejean n'avait pour lui faire face que quatre galères, lesquelles, construites pour les flots calmes de la Méditerranée, n'étaient guère habituées aux terribles tourmentes de l'Atlantique sur lequel elles allaient voguer pour la première fois. Malgré tant de difficultés et d'infériorité numérique, Prejean ne montra pourtant ni crainte ni indécision ; il passa résolûment dans l'Océan et se mit à harceler les Anglais, en ayant soin toutefois d'éviter les engagements sérieux. Cette manœuvre lui était facile avec ses galères rapides qui enlevaient en un clin-d'œil les navires isolés, coupaient toutes les communications de l'ennemi, puis aussitôt que les lourds vaisseaux anglais s'ébranlaient vers elles, prenaient la fuite et devenaient soudain invisibles et insaisissables. L'amiral Howard fut tellement exaspéré d'un pareil état de choses, qu'il se procura à tout prix deux galères sur lesquelles il fit passer ses meilleurs officiers et ses plus braves matelots, en ordonnant à toutes ses chaloupes de seconder leurs mouvements. Lui-même voulut diriger l'expédition qu'il méditait et prit le commandement d'une galère. La seconde fut confiée à lord Ferrers et, tous deux, le 25 avril 1513, se lancèrent sur les traces de Bidoulx qu'ils atteignirent enfin dans la petite baie du Conquet.

Mais ils avaient affaire à forte partie, et le capitaine français, loin de s'effrayer, envisagea le danger avec le sang-froid qui ne lui faisait jamais défaut et prit ses mesures en conséquence. Il fait avancer sa galère contre celle de l'amiral Howard et attend l'abordage, puis, lorsque cet amiral donnant l'exemple, s'est élancé aveuglément sur le navire français à la tête de quelques hommes déterminés, Prejean ordonne un prompt mouvement de recul et s'enfuit à force de rames, enlevant avec lui les assaillants qui succombent bientôt sous le nombre. Il revient alors sur la galère ennemie, la coule, puis écrase sans pitié toutes les embarcations qui cherchent en vain à se soustraire à ses coups.

Il semble qu'après ce glorieux combat, Prejean eut pu considérer sa tâche comme terminée, mais il ne songea au contraire qu'à tirer le plus d'avantages possibles de sa victoire et à rendre de nouveaux services à son pays. Il prit donc vigoureusement l'offensive, et alla ravager les côtes de Sussex. C'est là, qu'à l'attaque d'un village, il reçut une flèche qui lui creva un œil et mit quelque temps sa vie en danger. Après des prodiges de valeur, il fut néanmoins contraint de quitter ces parages et de battre en retraite devant une escadre vingt fois supérieure en nombre.

Souffrant encore de sa blessure, il se rendit à Brest, où il se joignit à l'amiral de Bretagne, Hervé Primoguet, qui était parvenu à réunir dans ce port une vingtaine de navires normands et bretons. Sous les ordres de ces deux intrépides marins, la petite flotille mit à la voile et courut fièrement au-devant de l'armée navale anglaise qui ne comptait, dit-on, pas moins de quatre-vingts vaisseaux et qu'elle rencontra à la hauteur de l'île d'Ouessant, le 10 août 1513. Il fallait l'enthousiasme et le patriotisme qui faisaient battre d'aussi nobles cœurs pour oser lutter dans une telle disproportion de forces. Les Français, favorisés par le vent, gouvernèrent bravement vers l'ennemi et prirent ou coulèrent quelques nefs, avant que les autres eussent le temps de prendre part à l'action. Mais une fois toute la masse anglaise engagée, le combat changea de face. Hervé Primoguet, monté sur *la Belle-Cordelière* superbe navire construit aux frais de la reine de France, Anne de Bretagne, attirait surtout les regards de l'ennemi et semblait défier sa colère. Le duc de Suffolk fut le premier qui s'élança pour le combattre bord à bord, mais démâté après une action meurtrière, il dut réclamer du secours. L'amiral Thomas Knyvet et plusieurs de ses lieutenants vinrent en aide au malheureux duc, et *la Belle-Cordelière* se trouva bientôt isolée au milieu d'une douzaine de gros vaisseaux dont elle supporta les feux croisés avec une fermeté incroyable. C'est alors que le capitaine breton prit une résolution sublime. Heurtant la nef amirale anglaise *la Régente*, il se lia fortement à elle par ses grappins d'abordage et mit le feu à son propre navire. La flamme ne fit bientôt qu'une seule proie des deux bâtiments, mais, par un singulier hasard bien digne de couronner l'héroïsme d'un tel désespoir, ce fut *la Régente* qui sauta la première, et Primoguet eut, du moins, avant de succomber lui-même, la suprême consolation d'avoir anéanti son ennemi.

Ainsi dès le seizième siècle, la France avait à enregistrer dans les annales de sa marine un de ces dévouements éclatants dont *le Vengeur* devait fournir plus tard le type parfait et immortel.

Le bruit de la double explosion fit cesser le combat. Les Anglais terrifiés prirent le large, et Prejean de Bidoulx put revenir tranquillement à Brest avec les débris de la flotte. La mort de Primoguet n'eut donc pas seulement l'éclat d'un trait magnanime, puisque l'effroi mêlé d'admiration qu'elle inspira à l'ennemi suffit pour dégager ses compatriotes, dont un seul n'aurait peut-être pas échappé.

A la paix avec l'Angleterre, Prejean de Bidoulx reparut dans la Méditerranée où il combattit de nouveau la république de Gênes.

Ce fut quelques années après cette dernière campagne, qu'il se démit de sa charge de général des galères pour servir sur les vaisseaux de la religion. Sous ce nouveau pavillon, il se distingua aux siéges de Rhodes et de Marseille, obtint le titre de grand-prieur de l'Ordre, et fut blessé mortellement en 1528, au moment où il s'emparait d'une galère turque. Il expira à Nice, au mois d'août de la même année. Il était âgé de soixante ans.

JACQUES CARTIER

On assure que, s'entretenant un jour des découvertes de Christophe Colomb et de Vasco de Gama, François Ier s'écria : « *Où donc est l'article du testament d'Adam qui me déshérite du Nouveau-Monde, au profit des rois d'Espagne et de Portugal?*» Or, lorsqu'il parlait ainsi, le roi de France ignorait encore que, dans sa bonne ville de Saint-Malo, un enfant grandissait qui devait lui apporter un jour sa part d'Amérique.

Cet enfant, Jacques Cartier, était né vers l'an 1500, et comme la plupart des jeunes gens des ports de mer, s'était enthousiasmé de bonne heure pour le grand spectacle de l'Océan. Bientôt même, l'existence du port lui devint insupportable et il prit du service à bord d'un navire de pêche. On ignore complètement à quelle époque il se mit en mer pour la première fois, mais on est certain qu'il avait déjà fait plusieurs voyages à Terre-Neuve, lorsqu'il s'adressa au roi-chevalier, pour aller à la découverte de nouvelles terres, que son intelligence nautique lui avait signalées.

François Ier entendit heureusement sa voix, le munit d'instructions, et Jacques Cartier, transporté de joie et d'espérance, appareilla le 20 avril 1534 pour les mers boréales. Sa flotille se composait de deux petits bâtiments de soixante tonneaux seulement et de cent vingt-deux hommes d'équipage.

Cartier avait d'abord l'intention de toucher à Terre-Neuve, mais il en fut empêché par les glaces, il décrivit donc un grand cercle autour de l'île, traversa le golfe, s'enfonça dans une baie profonde et découvrit enfin le continent qu'il cherchait.

Ce continent, c'était le Canada, dont le nom dans la langue du pays (*Kannada*) signifie *amas de cabanes, village*. Le capitaine malouin en prit aussitôt possession au nom du roi de France, sillonna encore quelque temps ces mers, afin d'en étudier sérieusement les mouillages et revint triomphant dans sa ville natale après une longue et périlleuse navigation.

Encouragé par cette découverte, le roi ordonna immédiatement que trois autres navires fussent équipés et avitaillés afin de les confier à l'habile marin. Ce nouveau voyage fut moins favorable que le précédent. Les vaisseaux furent séparés par de terribles tempêtes et se perdirent totalement de vue, si bien que chacun d'eux dût faire route de son côté. Jacques Cartier, dont le génie ferme et persévérant ne s'était pas une seule fois démenti, pendant cette horrible traversée, arriva le premier au rendez-vous assigné, qui était le golfe de Terre-Neuve. Là, il attendit que ses compagnons l'eussent rejoint. Puis aussitôt qu'ils furent réunis, ils voguèrent de conserve vers le port Saint-Nicolas, reconnurent Anticorti, s'enfoncèrent dans le fleuve Saint-Laurent et, après avoir touché à l'île de Bacchus, prirent terre à Hochelaga ou ils fondèrent un établissement qui, par son importance, balança longtemps celui de Québec.

Le roi se montra très-satisfait de cette seconde campagne, dans laquelle le navigateur avait posé les bases solides de la première colonie française. Mais il agit à peu près comme Ferdinand de Castille à l'égard de Christophe Colomb. Ainsi, lorsqu'il fut question de donner nn vice-roi au Canada, François Ier ne songea pas un instant à Jacques Cartier sans lequel cependant le nouveau royaume n'aurait pas existé, et il fit choix, pour remplir ces hautes fonctions, d'un sire de Roberval qu'il nomma par lettres-patentes et qui dût se rendre immédiatement à son poste.

Jacques Cartier reçut la douloureuse mission de conduire ce seigneur au-delà des mers ; mais l'ingratitude de son souverain ne lui donna jamais la pensée de faillir à ses devoirs. Il obéit, non sans chagrin, mais sans murmure. La nouvelle expédition mit à la voile, après avoir reçu les bénédictions du clergé de Saint-Malo. Le temps était magnifique, le canon mêlait sa voix sonore aux volées argentines de toutes les cloches de la ville. Le vaisseau qui portait Jacques disparut bientôt à l'horizon. Mais, à peine en pleine mer, les tempêtes l'assaillirent, et vingt fois il fut sur le point d'être submergé par les vagues furieuses. Le navigateur opposa toute sa science et tout son courage aux éléments déchaînés, dont il parvint enfin à conjurer le couroux. Le ciel redevint serein, la fin du voyage s'effectua plus paisiblement, et l'on toucha enfin aux terres d'Amérique. Là cependant n'était pas le but définitif de Cartier. Il voulut agrandir le cercle de ses découvertes, et s'enfonça plus avant dans les déserts glacés des mers polaires. Le récit de ce qu'il supporta alors de dangers, de fatigues et de misères serait incroyable. Le froid, les tourments, la famine, le scorbut se dressèrent sur ses pas comme autant d'adversaires implacables, et vinrent frapper ceux d'entre les navigateurs qu'épargnaient les flèches des sauvages. Un jour enfin, les équipages se révoltèrent contre leur chef, et il fallut rétrograder. L'expédition semblait devoir complètement avorter lorsque heureusement arrivèrent des renforts et des vivres; nos marins reprirent courage, et Jacques Cartier put accomplir ses nouveaux projets. C'est à cette époque qu'il bâtit la citadelle de Charlesbourg.

Ici s'arrêtent les aventures du courageux explorateur, il disparaît tout-à-coup et pour toujours sans laisser aucune trace qui puisse guider l'historien. Que devint-il? On l'ignore. Nul ne sait même sur lequel des deux continents reposent ses cendres, si toutefois il ne périt pas dans une des tempêtes glaciales, à travers lesquelles il allait chercher des terres inconnues. L'infortuné, après être sorti un instant de son obscurité natale y est retombé pour mourir. Mais n'a-t-on pas lieu de s'étonner d'une aussi étrange indifférence de la part des contemporains, vis-à-vis d'un homme qui s'était consacré avec une telle abnégation, à la grandeur et à la prospérité de son pays.

Jacques Cartier ne fut pas le seul marin dont s'illustra le règne de François Ier. On y remarque en outre le célèbre Ango, de Dieppe, qui armait des escadres à ses frais pour châtier les souverains, par lesquels son pavillon était insulté, et traitait d'égal à égal avec leurs ambassadeurs; puis encore le vice-amiral Lafayette qui, en 1524, défit la flotte de Charles-Quint; Annehaut, qui mit en déroute les Anglais et ravagea leurs côtes; et enfin Lagarde, qui fit la conquête de la Corse.

Les règnes suivants ne comptent guère d'évènements maritimes, et sont, par conséquent, peu féconds en hommes de mer. Un Dieppois, cependant, Léon de Bures, sieur d'Epineville, se fit connaître par le combat qu'il livra à la flotte flamande, le 11 août 1555, en vue de Douvres et de Boulogne. Les vaisseaux normands ne rentrèrent à Dieppe qu'après avoir entièrement détruit par le feu les navires de Flandre. Malheureusement le triomphe de la France fut chèrement acheté, l'intrépide Léon de Bures ayant été frappé mortellement d'une balle, au moment où il s'élançait à l'abordage.

Quelques autres noms brillent encore d'un certain éclat. Ce sont ceux des amiraux Coligny, Saint-Luc et Joyeuse.

Le siége de la Rochelle dirigé par le cardinal Richelieu, releva les armes de la marine française. C'est l'époque des Montmorency, des Guise et des Valence. Nous devons citer aussi, vers le même temps, le jeune et valeureux Armand de Maillé, duc de Fronsac qui, en 1640, 1642 et 1644, battit les flottes espagnoles, et succomba glorieusement dans un nouveau combat qu'il leur livra en 1646.

Après ce héros, commence le grand règne de Louis XIV, si fertile en gloires de toutes sortes, et qui va s'ouvrir aux pages suivantes, avec le nom bien connu de Tourville.

TOURVILLE

Anne-Hilarion de Cotentin, chevalier de Tourville, naquit en 1642. C'était le plus jeune des fils d'un gentilhomme normand, qui avait eu des emplois considérables sous le règne de Louis XIII. A l'âge le plus tendre, il manifesta un goût très prononcé pour la vie maritime, si bien que, dès 1656, sa famille le fit recevoir chevalier de Malte.

Trois ans après, sur la recommandation du duc de la Rochefoucauld, son parent, il fut admis comme volontaire, à bord de la frégate que commandait le brave capitaine d'Hocquincourt. Tourville était, alors un jeune homme frais et rose, à la taille élégante, aux grands yeux bleus, aux cheveux blonds et parfumés. Joignez à cela, la mise la plus recherchée, les manières les plus délicates, et vous vous ferez une idée de l'effet que dût produire le jeune gentilhomme sur le pont d'un navire de guerre. Aussi, en admirant la charmante petite épée dorée qui pendait au riche baudrier du volontaire, d'Hocquincourt se dit-il, dé suite, qu'il ne ferait jamais rien de ce *chérubin*, et ne l'accepta à son bord que par condescendance pour M. de La Rochefoucauld.

Tant que la frégate vogua tranquillement sur les flots bleus de la Méditerranée, Tourville garda son aspect tendre et inoffensif, mais aussitôt que le noble navire eut un corsaire barbaresque à son travers, le *chérubin* ou l'*Apollon*, comme on l'avait baptisé sur la frégate, se transforma soudain : sautant le premier à l'abordage à travers les piques et les poignards, se jetant au plus épais de la mêlée, traçant autour de lui un vaste cercle où venaient s'abattre morts et mourants, il frappa d'admiration ceux qui s'étaient le plus raillés de lui, les jours précédents ; pour son coup d'essai, il fut nommé lieutenant d'un navire tripolitain dont il s'était emparé, puis, dans une seconde affaire, capitaine d'un bâtiment tunissien, qui tomba également en son pouvoir, après une lutte acharnée. Jamais dehors moins belliqueux n'avaient recouvert âme plus ardente et bras plus indomptable.

Ses premiers grades ainsi gagnés à la pointe du glaive, Tourville revint en France, où Louis XIV le combla d'éloges. Pendant son séjour à la cour, il fut l'objet de la curiosité de chacun. Six ans de mer, de combats, de courses aventureuses, ne l'avaient en effet pas changé. C'était toujours, tant que le canon ne grondait pas, le même jouvenceau doux et timide, que l'odeur de la poudre animait seule d'un courage et d'une force extraordinaires.

En 1669, le roi l'envoya à Candie ; il se battit à Soulthbaq, à Messine, avec l'énergie qui lui était particulière ; puis il accompagna Duquesne dans ses expéditions contre les Algériens. C'est dans ces dernières campagnes qu'il s'initia aux grands secrets de l'art nautique, et qu'il acquit cette savante et profonde expérience, qui devait en faire le premier tacticien de son époque.

Pour la seconde fois alors, il revint en France où il épousa la veuve du marquis de la Popelinière. Le roi, en signant son contrat, lui dit : « *Je souhaite que vous ayez des enfants d'un mérite aussi distingué que le vôtre, et qui soient aussi utiles à l'état que vous.* »

Cependant la guerre rugissait de toutes parts, et

Louis-le-Grand, pour soutenir l'éclat de sa puissance avait fait des efforts surhumains. Soixante-dix vaisseaux de toutes grandeurs, cinq corvettes et quinze galères étaient réunis à Brest, n'attendant plus que le chef qui devait les entraîner en pleine mer. Le vice-amiral Tourville fut choisi pour remplir cette fonction d'une haute responsabilité, et prouva, par la façon dont il s'en acquitta qu'il était digne des grades les plus supérieurs.

En effet, de l'avis de tous, cette campagne fut un chef-d'œuvre. Tourville dirigea cette immense flotte avec le même aplomb, la même régularité que s'il ne se fut agi que d'un simple navire. Un succès complet fut le prix de tant de science et de sagesse. Les Français défirent complètement la flotte anglo-hollandaise, le 10 juillet 1690, lui tuèrent 2,500 hommes, et détruisirent quinze vaisseaux. Tourville brûla, en outre, douze navires à Tingmouth, dans le Northumberland, et revint victorieux en France.

Une seconde expédition porta sa renommée au comble. C'est celle qu'on a coutume d'appeler la fameuse *campagne du large*. Ayant appris que nos marins s'étaient emparés d'une vingtaine de bâtiments marchands, l'amiral Russell, comte d'Oxford, commandant la flotte combinée, se mit à leur poursuite. Tourville, à qui la grande disproportion de ses forces ne permettait pas cette fois de combattre, s'éleva alors en pleine mer, et resta pendant cinquante-cinq jours en présence de l'ennemi, sans que celui-ci put le forcer à livrer bataille. L'amiral anglais fut le premier qui se lassa de cette situation ambigüe, et il se retira sur les côtes d'Irlande, où une affreuse tempête pensa l'engloutir, tandis que son habile antagoniste rentrait triomphalement à Brest.

L'immortelle et funeste bataille de la Hogue, signala la troisième campagne où Tourville commanda en chef. Le roi lui envoya l'ordre d'appareiller en ces termes : « *Allez chercher mes ennemis, et combattez-les, forts ou faibles, partout où vous les trouverez, quoiqu'il puisse en arriver.* » Le célèbre marin partit et reconnut la flotte alliée, le jeudi 29 mai 1692, au cap de la Hogue. Il fit aussitôt appeler ses principaux lieutenants, les réunit en conseil et leur demanda ce qu'il fallait faire. Leur réponse fut prompte et unanime : *Ne pas combattre !* Et certes ils ne pouvaient passer pour lâches, car notre flotte forte de quarante-quatre vaisseaux, allait en heurter une centaine environ. C'est alors que Tourville montra l'ordre qu'il avait reçu de Louis XIV en s'écriant d'une voix grave et sonore: *Nous combattrons !*

Le feu commença sur-le-champ et devint bientôt général. Tourville, impatient de payer de sa personne, et nourrissant peut-être l'espoir de ne pas survivre au grand désastre qu'il prévoyait, s'était attaqué à l'amiral Russell lui-même et fut immédiatement entouré par trois vaisseaux du premier rang, au milieu desquels il déploya sa merveilleuse activité. Chacun de ses lieutenants se modela sur lui dans cette sanglante journée, mais quoi qu'ils fissent, ils ne purent que mourir avec gloire, sans parvenir à conjurer les coups d'une fortune contraire. On se battit ainsi jusqu'à la nuit, mais alors la flotte française était tellement maltraitée qu'elle dut songer à la retraite. Nos navires prirent diverses routes pour échapper à l'ennemi victorieux qui les poursuivait sans relâche. Le plus grand nombre d'entre eux trouva un asile dans les ports de Brest et de Saint-Malo. Quinze seulement furent brûlés par les Anglais à la Hogue et à Cherbourg. Parmi ces derniers se trouvait *le Soleil-Royal*, vaisseau de Tourville.

On dit que Louis XIV, en apprenant les résultats de cette bataille, demanda vivement : « *Tourville est-il sauvé? car pour des vaisseaux on en peut trouver, mais comment remplacer un officier tel que lui?* » Le roi voulut, en outre, par un louable sentiment de justice, récompenser *l'homme qui*, selon ses propres expressions, *lui avait obéi à la Hogue*, et Tourville fut promu à la dignité de maréchal de France le 27 mars 1693.

Les dernières campagnes de l'intrépide amiral rachetèrent, en quelque sorte, la fatale journée du 29 mai. Chargé, à la tête de soixante-et-onze vaisseaux, d'intercepter un riche convoi de bâtiments anglais et hollandais, dont la destination était Cadix et Smyrne, il manœuvra si bien qu'il enleva vingt-sept de ces navires, en brûla plus de soixante, et fit éprouver à l'ennemi une perte évaluée à trente-six millions. Il fit encore quelques expéditions contre les pirates qui infestaient la Méditerranée, mais bientôt le délabrement de sa santé le força à renoncer aux glorieuses fatigues du commandement. Il quitta donc, non sans regrets, ce vaste océan qui lui avait prodigué tant de lauriers, et vint mourir à Paris, le 28 mai 1701, à peine âgé de cinquante-neuf ans.

Innovateur hardi et fécond, il avait fait faire un grand pas à la marine, assez routinière jusque là, et c'est lui qui, le premier, développa les jeux de signaux sur une large échelle, en les appliquant aux évolutions d'une flotte entière.

D'ESTRÉES

Jean d'Estrées, duc et pair, maréchal de France, vice-amiral et vice-roi d'Amérique, naquit en 1624. Il fit d'abord partie d'un régiment d'infanterie en qualité de volontaire, et donna de grandes preuves d'intrépidité les premières fois qu'il vit le feu. On le trouve en 1647 au siége de Gravelines où il fut blessé à la main gauche, ensuite à la bataille de Lens, puis à l'attaque du pont de Charenton, en 1649, où il fut blessé de nouveau; il contribua encore à la défense des lignes d'Arras, aux siéges de La Bassie, d'Ypres, et plus tard (1656) à celui de Valenciennes où il fut fait prisonnier. Dans ces différentes campagnes il passa successivement par les grades de capitaine, colonel (1648), maréchal-de-camp (1649), et, enfin, de lieutenant-général (1656).

La France ayant eu un instant de paix en 1659, d'Estrées en profita pour se livrer à l'étude des mathématiques et autres sciences se rapportant à la navigation. C'est ainsi qu'il visita les ports de France, d'Angleterre et de Hollande Il ne reprit l'épée que pour suivre Louis XIV en Flandre.

Sa première campagne navale fut dirigée contre les Anglais qui avaient envahi nos possessions d'Amérique, dont il parvint à les expulser victorieusement.

En 1672, il reçut le grade de vice-amiral et, de concert avec nos nouveaux alliés, les Anglais, s'en fut combattre le plus fameux marin de la Hollande, le célèbre Ruyter. Pendant deux ans il tint la mer, conjointement avec l'armée de la Grande-Bretagne, commandée d'abord par le duc d'York et ensuite par le prince Rupert. Durant cet espace de temps, il livra plusieurs combats meurtriers aux Hollandais, dans lesquels il se distingua par des actes de bravoure, mais sans remporter cependant de grands avantages.

En 1676, le roi lui confia six vaisseaux et trois frégates pour aller reconquérir Cayenne, tombée au pouvoir des Pays-Bas. Le 17 décembre, il se présenta devant cette île, l'attaqua immédiatement et l'emporta d'assaut au bout de trois jours de siége. Il se rendit ensuite à la Martinique afin d'y faire reposer ses équipages.

Il remit à la voile le 15 février 1677, se dirigeant vers l'île de Tabago où il savait trouver le contre-amiral hollandais Binckes. Pensant qu'une telle position lui coûterait un long siége, il s'engagea dans le port même, attaquant simultanément les forts et les navires ennemis, afin d'en finir par un coup de vigueur. La canonnade fut terrible de part et d'autre. Le *Glorieux*, l'*Intrépide*, l'*Emerillon*, *le Marquis*, *le Précieux* se heurtèrent aux vaisseaux hollandais tandis qu'un détachement de troupes de terre courait aux fortifications, sous la conduite d'Hérouard de la Piogerie, major de la marine. Le carnage, qui s'étendit d'une manière affreuse dans une lutte à si petite portée, ne ralentit pas un instant l'ardeur et l'opiniâtreté des combattants. Un gros bâtiment hollandais fut enlevé à l'arme blanche par MM. d'O et Gabaret à la tête de quatorze chaloupes. Monté sur *le Glorieux*, d'Estrées se porta aux endroits les plus périlleux et on le vit aborder le con-

tre-amiral Binckes, malgré le feu très-vif entretenu
par celui-ci. Mais à peine sur le pont hollandais, l'incendie s'y déclara et embrasa bientôt les deux navires.
La situation était des plus critiques pour le vice-amiral français, et il aurait infailliblement péri sans le dévouement du garde de la marine Le Bertier qui,
aidé d'un matelot, s'élança à la nage, et osa, sous
une grêle de projectiles, s'emparer d'un canot ennemi qu'il ramena heureusement à bord du *Glorieux*.
D'Estrées y descendit aussitôt, mais ses adversaires
l'aperçurent, le criblèrent de boulets, et la frêle embarcation, foudroyée et chancelant sur les flots,
s'emplit promptement d'eau et coula à fond. Cependant les matelots saisirent leur chef et gagnèrent le
rivage, dont on était, par bonheur, assez proche,
mais sur lequel on se trouva en présence d'un fort
détachement hollandais. Cette fois encore, grâce à
son audace et à sa présence d'esprit, d'Estrées se
tira d'affaire et put reprendre le commandement de
sa flotte, dont il ordonna immédiatement la retraite.
Cette rencontre lui avait coûté quatre vaisseaux et
un grand nombre d'officiers, de soldats et de matelots. Quant aux ennemis, ils avaient été plus rudement éprouvés encore, et ceux de leurs navires
qui n'avaient pas sombré ne présentaient plus que
des décombres noircis par le feu.

Atteint lui-même de deux blessures à la tête qui
ne l'avaient pas empêché de combattre et qu'il ne
osngea à faire panser qu'une fois le canon éteint,
l'amiral français prit la route de la Grenade où il
fit radouber ses vaisseaux. Parmi les capitaines dis-
tingués frappés par le feu se trouvaient les intrépides
Louis Gabaret et Hérouard de la Piogerie. D'Estrées
avait hâte de venger ses pertes; il retourna en
France au mois de juin suivant, et repartit da

Brest le 1er octobre de la même année ayant huit vaisseaux et huit frégates sous ses ordres. Sa nouvelle expédition contre Tabago eut les plus heureuses suites. Il s'empara de l'île ainsi que de plusieurs vaisseaux ennemis, puis alla hiverner à la Martinique, qu'il ne quitta le 7 mai 1678 que pour exécuter sur les colonies hollandaises de nouvelles tentatives qui furent cette fois infructueuses.

C'est au retour de cette laborieuse campagne que le comte d'Estrées reçut les titres de maréchal de France, chevalier des ordres du roi et vice-roi d'Amérique. Enfin il fut chargé en 1688 de punir les États barbaresques de leurs déprédations habituelles Il partit de Toulon dans les premiers jours de juin et se dirigea vers Alger *la Guerriere.*

Ce n'était pas la première fois que d'Estrées avait affaire aux musulmans, il les avait déjà combattus en compagnie de Tourville, et les châtia en cette nouvelle circonstance d'une manière prompte et rigoureuse. Le bombardement de la ville commença le 1er juillet. Pendant quinze jours, le feu des galiotes ne discontinua pas ; dix mille bombes furent tirées et firent d'affreux ravages dans la place. La plupart des maisons furent embrasées et un grand nombre d'habitants ensevelis sous leurs décombres ; le feu démantela les batteries, rasa la tour du fanal et coula cinq gros corsaires dans le port ; le dey lui-même, Mezzomorte, faillit être tué d'un éclat à la tête. L'exaspération de ce dernier était telle qu'il ne songea pas un instant à négocier, et qu'il voulut au contraire, tirer une vengeance sanglante du juste châtiment qu'il recevait. Il fit réunir les chrétiens qu'il avait en son pouvoir et les immola à la bouche des canons. Le père Montmasson, vicaire apostolique, ancien curé de Versailles, le consul Piolle, un religieux, sept capitaines et trente matelots succombèrent sous la rage de ce furieux. En apprenant ces épouvantables exécutions, d'Estrées ne put contenir son indignation, et par représailles, fit égorger dix-sept des principaux Turcs qu'il avait à son bord. Leurs corps furent ensuite mis sur un radeau et poussés vers la ville. Après quoi, n'ayant aucune troupe de débarquement pour réduire la place, le vice-amiral leva l'ancre et revint à Toulon avec son escadre qui avait peu souffert.

Ici s'arrête la carrière maritime du maréchal d'Estrées. Le célèbre marin se faisait vieux, et Louis XIV crut mieux utiliser son expérience et la vigueur bien connue de son caractère, en le nommant gouverneur de Bretagne. Cette province était alors en butte aux entreprises réitérées des Anglais et des Hollandais. Ils trouvèrent, dans le comte d'Estrées, un adversaire ferme et vigilant qui sut leur faire respecter notre territoire, et ils ne purent tenter aucun débarquement, sans être immédiatement jetés à la mer.

Le comte d'Estrées mourut le 19 mai 1707, âgé de quatre-vingt-trois ans et laissant plusieurs fils. Un d'entre eux, Victor-Marie d'Estrées, marcha dignement sur les traces de son père, fit plusieurs campagnes mémorables, et hérita de tous les titres et grades de l'illustre maréchal.

FORBIN

Claude Forbin, comte de Janson, dont le nom est assez célèbre dans les fastes de notre histoire navale, ne brilla jamais cependant par les qualités solides de l'homme de mer. C'était un officier aventureux, plein d'audace et de présomption, entraînant son équipage par ses manœuvres hardies et son insouciance au milieu du danger, mais incapable de diriger avec succès les évolutions d'une flotte importante. Aussi, dans sa longue et glorieuse carrière maritime, n'atteignit-il jamais au-delà du grade de contre-amiral.

Né le 6 août 1656, à Gardanne, près d'Aix, il se sentit, dès son enfance, une vocation irrésistible pour la vie militaire. Ce n'étaient pas là les intentions de sa mère qui le destinait à l'état ecclésiastique, et dont rien ne put fléchir les résolutions obstinées. Qu'on juge donc de la colère et du désespoir de Claude, lorsqu'à quinze ans, il se vit livré aux soins d'un prêtre afin de commencer son éducation religieuse. Il fallut pourtant bien obéir; mais un jour que le précepteur jugea devoir châtier son élève à coups de canne, celui-ci la lui arracha des mains, la lui brisa sur le dos et s'enfuit à Marseille. Arrêté et reconduit de vive force chez sa mère, c'est à son retour qu'il éprouva pour la première fois son courage, en s'attaquant à un chien enragé qui répandait la terreur dans la ville d'Aix, et en lui enfonçant bravement son couteau dans l'épaule. Forcé de fuir de nouveau, après un duel scandaleux, il retourna à Marseille et s'embarqua sur une galère aux ordres de son oncle, M. le commandeur de Gardanne. Puis, il fit la guerre de Messine et, à la paix de 1678, il servit sur terre dans une compagnie de mousquetaires commandée par un autre de ses oncles, M. le bailli de Forbin. Mais il ne put se rompre à la discipline du corps et se rendit à Toulon où son caractère querelleur lui attira un nouveau duel dans lequel il tua son malheureux adversaire, M. le chevalier de Gourdon. Cette sanglante affaire fit du bruit et l'ex-mousquetaire fut condamné par le parlement d'Aix à avoir la tête tranchée. Heureusement pour lui, il prit la fuite et son oncle, M. le cardinal de Janson, intercéda pour lui et obtint sa grâce. C'est a cette époque qu'il reprit la mer. Il fit la campagne d'Amérique sous le comte d'Estrées en 1678, et celle d'Afrique sous Duquesne en 1682 et 1683. Il obtint alors du roi le commandement d'une frégate de Rochefort destinée à porter M. de Torcy qui s'en allait à Lisbonne complimenter S.M. don Pedro sur son avènement au trône de Portugal.

Il fit ensuite partie d'une ambassade envoyée au royaume de Siam, et ne revint en France que pour servir avec Jean-Bart.

Nous devons dire ici que le comte de Janson, joueur, fanfaron et débauché, formait bien le contraste le plus frappant avec l'illustre corsaire de Dunkerque, dont la simplicité et la bonhomie sont devenues proverbiales. Aussi les deux officiers, si étrangement associés, se virent-ils plus d'une fois prêts à en venir aux mains pour des futilités; et ce ne fut que sous les canons anglais qu'ils oublièrent leur ressentiment pour s'entr'aider comme deux sincères et vaillants frères d'armes.

Ils partirent, Jean-Bart sur la frégate *la Railleuse* et Forbin sur *la Serpente*. Ils étaient chargés de transporter à Brest, une assez forte quantité de munitions de guerre qui se trouvaient à Calais et au Hâvre-de-Grâce. Ils passèrent à travers six vaisseaux anglais et six frégates hollandaises qui croisaient dans la Manche, et en donnant la chasse aux navires marchands qu'ils rencontraient. C'est ainsi que, le 25 avril, Forbin s'empara du *Roi-David* et Jean-Bart de *l'Union*, tous deux bâtiments espagnols de quatre cents tonneaux chargés, le premier de bois rouge, et le second de poudre d'or, de sacs d'argent et de poivre.

Après avoir relâché quelque temps au Havre, les deux officiers se remirent en mer le 20 mai, escortant quatre navires de commerce. Ils étaient en route depuis deux jours, lorsqu'ils se trouvèrent face à face avec deux vaisseaux anglais de quarante-deux et quarante-huit canons.

En présence de ces ennemis si évidemment supérieurs, Jean-Bart et Forbin prirent la résolution qui convenait à deux âmes aussi fortement trempées que les leurs. Ils ordonnèrent aux bâtiments marchands de se sauver le plus vite possible, tandis qu'eux s'avançaient fièrement vers l'ennemi afin d'en supporter seuls les coups.

Il eût fallu un miracle pour que les deux pauvres frégates triomphassent de leurs lourds et puissants adversaires. Néanmoins le combat s'engagea, terrible et sans merci. Jean-Bart et Forbin, saisis d'une noble émulation, firent des efforts fabuleux pour vaincre; et ce ne fut que lorsque leurs bâtiments furent rasés, et après avoir perdu cent quarante hom-

refuse de mettre bas les armes, déclare répondre de tout et prend immédiatement le commandement du navire. Le feu continue avec fureur, morts et mourants s'amoncellent sur le pont de *la Renommée*, mais La Motte donne l'exemple. Son bras commande, sa voix tonne, son œil étincelle! Un boulet l'atteint au visage, lui dépouille la joue et lui coupe son chapeau au ras de la tête, il ne recule pas dans sa détermination. Bientôt enfin, docile à ses ordres, *la Renommée* parvient à se tirer des mains de ses ennemis et fait son entrée triomphale au port Saint-Louis.

En 1755, en 1760, il se distingue pas sa conduite remarquable. En 1763, il commande *le Solitaire*; en 1777, *le Robuste*; en 1778, *le Saint-Esprit*. C'est sur ce dernier navire, qu'ayant à son bord le duc de Chartres, il prit part au combat d'Ouessant. La Motte était alors chef d'escadre.

Il part ensuite en croisière à la tête de trois vaisseaux et met à la voile, se dirigeant vers les côtes britanniques. Pendant un mois il tient la mer et ne rentre à Brest qu'après avoir pris treize navires à l'ennemi.

En 1779, La Motte-Picquet appareille de nouveau pour conduire à la Martinique un convoi de quatre-vingts voiles. Monté sur *l'Annibal* de soixante-quatorze canons, ayant en outre sous ses ordres quatre autres vaisseaux et plusieurs frégates de guerre, il traverse fièrement l'Océan, accomplit sa mission et rejoint le comte d'Estaing. Il concourt alors à la prise de la Grenade, ainsi qu'à la victoire remportée à la fin de juin sur le vice-amiral Byron, Dans cette dernière affaire, le vaisseau *l'Annibal*, placé en serre-file de notre ligne, souffre beaucoup du feu de l'ennemi.

Le 18 décembre de la même année, La Motte étant à la Martinique, apprend qu'un convoi français, escorté par une frégate seulement, va être enveloppé par seize navires de guerre anglais. Il dépêche un de ses officiers pour en donner avis au gouverneur de l'île, puis il coupe ses câbles et s'élance en pleine mer. *Le Vengeur* et *le Réfléchi* le suivent. Pendant quatre heures ils supportent le feu de dix vaisseaux et, la nuit venue, ramènent au port la plus grande partie du convoi français qu'ils sont parvenus à sauver.

Le combat avait été tellement violent que *le Conqueror*, vaisseau anglais avait perdu son commandant, six officiers, et deux cents matelots. Le lendemain l'amiral ennemi, Parker, écrivit lui-même une lettre à La Motte-Picquet pour le complimenter de sa vigoureuse action de la veille.

Enfin, en janvier 1780, l'habile marin exécuta la belle croisière qui mit le comble à sa réputation. Avec six vaisseaux et six frégates seulement il osa affronter quinze vaisseaux de ligne anglais qui le poursuivirent en vain et ne purent le forcer à accepter un combat inégal. Ses manœuvres firent l'admiration des plus savants tacticiens de son temps. Tout en évitant une rencontre générale, il fondit comme un oiseau de proie sur les infortunés navires marchands qui s'égarèrent sur sa route, en amarina un grand nombre et ramena dans nos ports un butin d'une valeur considérable.

Il sortit ensuite de la Martinique, escortant quatre-vingts navires marchands. Il voguait vers Saint-Domingue, à la tête des quatre vaisseaux qui formaient son escadrille de guerre, lorsqu'il eut en vue trois forts bâtiments anglais qui paraissaient vouloir lui barrer le passage. Il force aussitôt de

voiles et marche seul au devant d'eux. Pendant plusieurs heures, ils les canonne sans relâche, supportant avec une rare énergie les feux croisés qui sont
dirigés sur lui. Enfin on vient à son secours. Il essaie aussitôt de couper la retraite à l'ennemi, maintenant inférieur en nombre, mais atteint d'un biscaïen en pleine poitrine, il tombe inanimé sur le
pont. Au même instant, un important renfort vient
grossir les rangs des Anglais, et nous arracher définitivement la victoire.

Heureusement, La Motte-Piquet n'était pas blessé
mortellement, il assista encore à un certain nombre
de combats, exécuta plusieurs belles croisières et ne
désarma qu'en 1783, époque à laquelle il quitta définitement la mer.

Quoique les fatigues et les blessures eussent fort
altéré sa santé, il vécut encore quelques années.
Mais des accès de goutte, auxquels il était sujet depuis longtemps, hâtèrent sa fin. Il mourut à Brest,
le 11 juin 1791.

Dans sa longue et glorieuse carrière, il avait été
dignement récompensé des services qu'il avait
rendus à l'Etat. En 1775, le roi l'avait doté d'une
pension de huit cents livres qui fut, en 1781, élevée à trois mille. Il avait   en outre, été nommé cordon rouge en 1780, lieutenant général en 1782, et
grand'croix en 1784.

DU COUEDÏC DE KERGOUALER

Né en 1740, au château de Kerguelenon, en Bretagne, le vicomte Charles-Louis Du Couëdic de Kergoualer, entra à l'âge de seize ans dans la marine royale. Après plusieurs affaires honorables, il reçut le grade de lieutenant de vaisseau et la croix de Saint-Louis. Le 7 octobre 1779, il avait été envoyé en reconnaissance sur la frégate *la Surveillante* et avait déjà amariné un certain nombre de prises, lorsqu'il rencontra à mi-Manche, la frégate anglaise *le Québec.*

Le branle-bas de combat retentit aussitôt à bord, puis, une fois chacun bien armé et prêt à commencer le feu, l'équipage de *la Surveillante* s'agenouilla et l'aumônier implora le ciel pour qu'il protégeât la cause de la France. Il adressa ensuite une courte exhortation aux matelots, les engagea à bien faire, et termina par ces nobles paroles : « *Qu'on meure pour la patrie ou pour la foi, Dieu récompense tous les martyres !* »

Les deux ennemis avaient constamment gouverné l'un sur l'autre, il était onze heures du matin, *la Surveillante* ouvrit le feu. *Le Québec* ne répondit pas sur le champ, et continua de s'avancer jusqu'à ce qu'il fut à demi-portée de son adversaire. Arrivé là, il fit, à son tour, gronder ses batteries, et le carnage alla toujours grandissant. Cependant l'engagement n'avait en rien suspendu la manœuvre des deux antagoniste qui continuaient de se rapprocher, et qui bientôt se heurtèrent bord à bord. Alors ce fut quelque chose d'horrible et de sublime à la fois; les frégates vomissaient des flammes comme deux cratères embrasés, et s'enveloppaient d'un large panache de fumée ardente. Le retentissement de l'airain assourdissait les combattants. Le sang coulait sur le pont et dans les batteries, où s'entassaient des cadavres affreusement mutilés. Du Couëdic, sur *la Surveillante*, le commodore Farmer, sur *le Québec*, encourageaient leurs hommes, et ceux-ci, noirs de poudre, ruisselants de sang et de sueur, répondaient par d'enthousiastes hourras aux alocutions de leurs capitaines.

Tout à coup, un projectile enlève le pavillon de *la Surveillante*; l'équipage britanique pousse un long cri de joie. Mais un pilote nommé le Manq s'élance dans les haubans, en agitant un second pavillon blanc. A l'instant même cet homme courageux devient le but de tous les feux qui partent du *Québec* Les balles, les biscaïens, les boulets, sifflent et grondent autour de lui ; il n'en poursuit pas moins sa périlleuse ascension. Bientôt enfin, il accomplit l'audacieuse tâche qu'il s'est imposée, et le drapeau de la France remonte fièrement dans les airs.

La lutte un moment suspendue par cette émouvante péripétie, recommence alors plus implacable que jamais. Les deux navires sont percées à jour, et la moitié de leurs équipages couchée sur le pont pour ne plus se relever, tandis que l'autre moitié animée d'un sentiment de farouche grandeur, ne veut ni repos ni quartier. Les matelots qui survivent encore à cette effroyable boucherie, se servent des monceaux de cadavres comme d'un rempart naturel. C'est un duel à mort ! on combattra tant qu'il restera un canon avec sa charge de poudre, et un homme ayant assez de forces pour mettre le feu à ce canon !

Les bordées se succèdent sans interruption, la mousqueterie pétille. Du Couëdic a reçu deux coups de feu dans la tête et un troisième dans le ventre ; le commodore Farmer est lui-même atteint de deux blessures mortelles, mais ces braves officiers ne quittent pas un instant leurs postes. Soudain, un épouvantable fracas se fait entendre, ce sont les mâts des deux frégates qui s'écroulent en même temps, écrasant les combattants sous leurs débris. Du Couëdic saisit le moment : il brandit sa glorieuse épée et s'écrie d'une voix sonore : « *A l'abordage ! à l'abordage !...*» Nos marins répètent ce cri comme un écho formidable, les grappins sont jetés, les Français font irruption sur le pont du *Québec* ...

Mais tout à coup, ils s'arrêtent terrifiés et se rejettent en arrière... Une dévorante gerbe de flammes se déploie sur le navire anglais : le feu est à bord !... *La Surveillante* s'éloigne en toute hâte de ce dangereux voisinage et met entre elle et l'ennemi, une centaine de mètres de distance.

Alors Du Couëdic, aussi généreux que brave, s'occupe avec ardeur de secourir les malheureux incendiés : il n'y a plus pour lui d'Anglais ni d'ennemis, ce sont des hommes, des frères qu'il faut arracher aux étreintes mortelles des flammes. Il ordonne de mettre les embarcations à la mer, mais elles ne sont plus qu'un inutile amas de planches brisées. L'émotion et le désespoir qu'il ressent en ce moment terrible sont tels qu'il laisse échapper de grosses larmes et se met à pleurer comme un enfant. Les bras croisés sur sa mâle poitrine, il contemple avec une poignante anxiété, *le Québec*, dont l'avant ne présente plus qu'une vaste fournaise, tandis que l'arrière, où flotte encore le pavillon britannique, se détache en noir sur un horizon de feu. Cependant l'honorable commodore anglais, chancelant sous ses blessures, reste calme au milieu de sa détresse et veille, avec le plus grand sang-froid, à ce que nulle confusion ne retarde l'embarquement de ses hommes, sur le seul canot qui lui reste. On le supplie en vain d'y descendre, il répond avec l'accent de l'héroïsme: « *Je dois sortir le dernier du Québec ou sauter avec lui !* » Bientôt, en effet, la frégate anglaise éclate comme un volcan, anéantissant son commodore, ses blessés et ses morts. Trois officiers et quarante-cinq matelots seulement, avait eu le temps de gagner le pont de *la Surveillante*, soit dans la chaloupe, soit à la nage. C'était tout ce qui restait d'un effectif de trois cents hommes. Les Français partagèrent de grand cœur leurs vivres et leurs vêtements avec ses infortunés ennemis, auxquels le commandant adressa ces mots : « *Vous avez admirablement fait votre devoir, et comme votre frégate a péri sous pavillon flottant, vous serez traités, non comme prisonniers de guerre, mais comme des frères recueillis d'un naufrage.* »

Il s'agissait maintenant de conduire au port *la Surveillante*, qui faisait eau de toutes parts. Anglais et Français se relevèrent indistinctement dans le service du bord. Si une tempête avait soulevé les flots en ce moment, la frégate était perdue; heureusement, il n'en fut rien. L'aumônier, debout sur le pont, priait à haute voix pour le repos des morts et pour le salut du navire, lorsque la terre fut signalée. On était en vue de Brest. La vaillante frégate fit son entrée dans le port, remorquée par les chaloupes de tous les vaisseaux qui se trouvaient en rade. Ce fut un beau triomphe et qui paya dignement le brave équipage du généreux sang qu'il avait versé pour la patrie! Plus de soixante vaisseaux de guerre étaient pavoisés pour recevoir *la Surveillante*, et, à mesure qu'elle passait devant chacun d'eux, elle était saluée des cris de *vive le roi! vive la France!* que répétaient les habitants de Brest, témoins de cet imposant spectacle.

Les bombardiers de la marine portèrent Du Couëdic en triomphe sur son brancard, et Louis XVI ratifia la parole de l'intrépide commandant. Les Anglais demeurèrent libres, on leur fournit des vivres et de l'argent, et l'on fréta un bâtiment neutre qui les déposa sur les rivages de la Grande-Bretagne.

Du Couëdic de Kergoualer ne survécut pas aux profondes blessures qu'il avait reçues le 7 octobre. Un moment pourtant, on espéra sa guérison complète, mais, malgré les soins touchants dont il fut entouré; il succomba le 7 janvier 1780, laissant des regrets universels. Il avait à peine quarante ans.

Sa veuve et ses enfants furent adoptés par l'État. Le roi lui fit élever un modeste mausolée, et voulut qu'on gravât sur la pierre l'inscription suivante : *Jeunes élèves de la marine, admirez et imitez l'exemple du brave Du Couëdic.*

Le vandalisme de 93 renversa ce monument, mais il fut réédifié avec pompe en 1805, par ordre de l'empereur Napoléon.

LA PÉROUSE

La Pérouse est, sans contredit, le plus illustre de nos navigateurs. Son courage, l'étendue de ses connaissances, son célèbre voyage autour du globe lui ont depuis longtemps assuré une mémoire immortelle. Son naufrage mystérieux où il disparaît tout à coup sous un impénétrable linceul, entoure surtout son nom d'une éclatante auréole qui frappe d'étonnement et de respect. Une nation doit être fière de produire de pareils hommes, et heureusement ils ne manquèrent jamais à la France !

Jean-François Galaup de La Pérouse naquit à Alby, en 1741. Sa vocation éclata dès sa jeunesse, si bien qu'à seize ans, il avait déjà étudié à fond l'astronomie et l'art de la navigation.

Il s'embarqua, comme garde-marine, le 19 novembre 1756, et fit quatre campagnes de guerre sur *le Célèbre, la Pomone, le Zéphir* et *le Cerf*, puis il passa à bord du *Formidable*, commandé par le capitaine Saint-André du Verger. Fait prisonnier par les Anglais après un vigoureux combat d'artillerie où il fut assez grièvement blessé, La Pérouse sut utiliser le temps de sa captivité en étudiant la construction, l'équipement et le gréement des navires britanniques qui, à cette époque, différaient notablement des nôtres sur plusieurs points.

Revenu en France, il fit trois nouvelles campagnes sur *le Robuste*, fut promu le 1er octobre 1764, au grade d'enseigne de vaisseau et, jusqu'en 1778, parcourut toutes les mers du globe. Il rédigea pendant ce voyage une intéressante série d'observations astronomiques et géographiques qui servirent à rectifier bon nombre de cartes vicieuses. La guerre s'étant rallumée, le lieutenant La Pérouse reçut le commandement de *l'Amazone*. Il se distingua dans plusieurs combats livrés par le vice-amiral d'Estaing, s'empara, sur les côtes de la Nouvelle-Angleterre, de la frégate *l'Ariel* et concourut à la prise de *l'Experiment*.

Fait capitaine le 4 avril 1780, on lui confia *l'Astrée*, et il croisa avec le capitaine La Touche, commandant *l'Hermione* Le 21 juillet, les deux officiers eurent connaissance de six frégates anglaises, *l'Allégeance*, *le Vernon*, *le Charlestown*, *le Jack*, *le Vautour* et *le Tompson*. La Pérouse et La Touche attaquèrent bravement cette flottille et, après un combat des plus vifs, s'emparèrent du *Charlestown* et du *Jack*. Les quatre autres navires prirent la fuite.

En 1782, La Pérouse fut envoyé dans la baie d'Hudson, pour y ravager les établissements anglais. Cette expédition qui passe à juste titre pour un chef-d'œuvre et dans laquelle il prouva que les lois de la guerre peuvent s'allier à celles de l'humanité, fut vivement appréciée du roi Louis XVI. Il fit appeler le commandant à son retour en France, et s'entretint avec lui, pour la première fois, d'un grand voyage de circumnavigation qu'il avait en vue depuis longtemps. Le navigateur dut alors dresser un plan de campagne que le monarque couvrit de notes marginales écrites de sa propre main, soit pour approuver, soit pour rectifier.

Le 1er août 1785, La Pérouse partit de Brest, quittant cette France qu'il ne devait plus revoir. Il montait *la Boussole*, dont le second était M. de Clonard. Il avait en outre sous ses ordres une autre frégate, *l'Astrolabe*, commandée par le capitaine De

Langle. Plusieurs savants accompagnaient l'expédition : c'étaient MM. Bernizet, ingénieur-géographe ; Monge et Dagelet, astronomes ; Lamanon, physicien minéralogiste et météorologiste , Dufresne et le P. Receveur, naturalistes ; l'abbé Mongès.

Les deux frégates, montées par cent hommes d'équipage chacune, reconnurent successivement Madère, l'île Sainte-Catherine, l'île de Pâques, les îles Sandwich, et vinrent mouiller au Port-Français.

C'est en ce lieu que les voyageurs furent, pour la première fois, frappés par la fatalité. Désirant sonder la baie au fond de laquelle est ce port, on avait préparé trois canots sous le commandement de plusieurs officiers. C'était le 13 juillet 1786. On devait, après le sondage, chasser et déjeûner sous des arbres. On se mit gaiement en route comme pour une partie de plaisir. Le premier canot voguait en avant, sur une mer calme et azurée, quand tout à coup un courant irrésistible l'entraîna sur les brisants de la côte, au milieu desquels il disparut sans espoir. La seconde embarcation vola aveuglément à son secours et s'engloutit également. Seul, le troisième canot, dirigé par MM. Boutin et Laprise-Mouton, se sauva par une heureuse manœuvre et vint porter à La Pérouse la nouvelle de cet affreux désastre. On comptait vingt et une victimes parmi lesquelles MM. d'Escures, de Marchainville, de Flassan et les frères De Laborde.

Du Port-Français, les frégates s'enfoncèrent dans l'Ouest et découvrirent la petite île *Necker*. La nuit suivante, elles faillirent se briser contre un récif à fleur d'eau sur lequel elles couraient à toutes voiles. On relâcha ensuite à Macao, puis on reconnut les îles Marianne et de l'Ascension, et enfin les Philippines où l'on séjourna six semaines.

La Pérouse parcourut alors la mer du Japon, où, en prolongeant les côtes, il se trouva bientôt enfermé dans un étroit canal barré par des récifs et des bancs de sable. Sa science et son habileté purent seules l'arracher de ces mers *où chaque flot cache un écueil*, et il alla mouiller sur la côte de Tartarie, dans une magnifique baie qu'il nomma baie *de Castries*.

On revint ensuite vers le sud, on côtoya l'î'e Saglien et l'on découvrit le détroit *La Pérouse*. Puis on traversa les Kouriles pour gagner le hâvre Saint-Pierre et Saint-Paul, dans le Kamtchatka.

L'expédition quitta ce port le 29 septembre 1787, et toucha aux îles des Navigateurs, où un nouveau malheur vint la frapper. M. de Langle étant allé à la tête d'une chaloupe et d'un canot, renouveler ses provisions d'eau douce dans une crique entourée de rochers, fut assailli à coups de pierres par les naturels. Les Français, après avoir hésité longtemps, firent feu sur les agresseurs, mais il était trop tard : les sauvages, armés de massues, s'élancèrent sur les matelots et les massacrèrent. Le capitaine De Langle, MM. Lamanon et Talin, furent tués ainsi que neuf hommes de l'équipage.

Après cette catastrophe, La Pérouse abandonna ces parages et vint jeter l'ancre à Botany-Bay. C'est de ce lieu qu'est datée sa dernière dépêche au ministre de la marine, dans laquelle il annonce qu'il va continuer son voyage selon les instructions qu'il a reçues.

Que fit-il depuis? on l'ignore. Pendant trois ans, on attendit en vain de ses nouvelles et l'on commença, dès-lors, à ressentir une inquiétude profonde sur son sort. L'Assemblée nationale envoya à sa recherche le général d'Entrecasteaux (1791) qui succomba dans l'expédition, sans parvenir à retrouver les traces de l'infortuné navigateur. Enfin, de nos jours, Dumont d'Urville fut plus heureux ; il aborda aux rivages qui avaient vu périr La Pérouse et recueillit les débris de son naufrage qui furent rapportés en France et l'on en a formé une pyramide qu'on peut voir au palais du Louvre, dans une des salles du Musée de la Marine.

d'armes de Cassard en le nommant lieutenant de frégate et en lui accordant deux mille livres de gratification.

Une horrible famine ayant frappé la France, pendant l'hiver de 1709, on fut obligé d'acheter du blé à l'étranger, et Marseille expédia vingt-six navires vers les Echelles du Levant. Comme la Méditerranée était couverte de croiseurs ennemis, on attendait avec anxiété le retour du convoi sauveur, lorsque Cassard arma deux vaisseaux de guerre à ses frais, et alla au-devant des navires provençaux. Le passage leur était en effet fermé par une escadre anglaise, à laquelle l'intrépide officier livra un combat acharné. Puis il rentra à Marseille, réclamant pour prix de ses services le simple remboursement de ses frais d'armement. Mais les magistrats de la ville n'eurent pour le loyal marin que la plus amère ingratitude et lui refusèrent formellement l'indemnité qu'il réclamait. Celui-ci les cita en vain au parlement d'Aix, il n'en put rien obtenir A compter de ce jour il devint sombre, morose, taciturne, et se prit d'une haine sourde et toujours grandissante contre l'humanité tout entière. En un mot, cet évènement empoisonna-son avenir et fut la source des maux cruels qui l'accablèrent plus tard.

Cependant l'hiver de 1710 nous ayant été aussi fatal que le précédent, Cassard n'hésita pas à se remettre en mer à la tête de quatre vaisseaux pour dégager l'entrée des ports et faciliter le retour, de quatre-vingts navires de commerce chargés de grains et de farine. Il s'empara en outre d'un corsaire de Cagliari et d'une flotte marchande anglaise avec le bâtiment de guerre qui l'escortait. C'est alors que Louis XIV le nomma capitaine de frégate et le chargea de porter des présents au Grand-Seigneur.

Quelque temps après, les Portugais ayant lâchement égorgé un capitaine de vaisseau français ainsi qu'un grand nombre de ses soldats tombés en leur pouvoir par capitulation, le roi envoya Duguay-

Trouin et Cassard ruiner leurs principales colonies.

Cassard partit donc de Toulon, en 1712, avec trois vaisseaux, cinq frégates et deux quaiches. Sa nouvelle campagne fut une véritable marche triomphale. Après s'être emparé en route d'un vaisseau anglais, il brûla ou rançonna les villes de Ribera-Grande, Monserrat, Antigoa, Surinam, Saint-Eustache, Curaçao, etc., appartenant, soit aux Portugais, soit aux Anglais ou aux Hollandais. La perte éprouvée par l'ennemi fut évaluée à treize millions cinq cents livres. Cassard avait été blessé au pied à l'attaque de Curaçao et aurait été pris, sans le chevalier d'Epinay qui s'élança au milieu des Hollandais à la tête d'une vingtaine de flibustiers.

Notre escadre ne remit à la voile pour la France, qu'après la signature de la paix d'Utrecht en 1713.

Là s'arrêtèrent les exploits de Cassard ; depuis lors, il languit à la cour de Versailles, faisant d'inutiles démarches pour que le gouvernement interposât son autorité dans son procès avec la ville de Marseille. Le ton qu'il prenait auprès des ministres n'était malheureusement pas de nature à les engager dans ses intérêts. Son caractère intraitable, aigri par l'adversité, se prêtait peu aux démarches qu'il avait à faire en cette circonstance. Ses discours étaient hautains, sa parole sèche et brève ; il n'en appelait qu'à son bon droit, et demandait qu'on lui fît justice et non qu'on lui accordât des faveurs. Ces brusqueries ne sont guères de mise à la cour, les ministres se lassèrent à la fin de l'insistance de cet étrange solliciteur, et quand ce fut au tour du cardinal Fleury, il fit enfermer le capitaine à Ham, en l'accusant d'avoir proféré des paroles injurieuses contre l'Etat. Le malheureux marin, dont la jeunesse s'était passée en pleine mer et en plein soleil, finit ainsi ses jours entre les quatre murs d'une prison. Il mourut en 1740, sans laisser de postérité.

MAHÉ

DE LA BOURDONNAIS

Mahé de la Bourdonnais (Bernard-François) naquit à Saint-Malo le 11 février 1699. A l'âge de dix ans, il avait déjà fait un voyage aux Indes orientales et y retourna quatre ans après. On raconte que, dans cette dernière traversée, il reçut des leçons de mathématiques d'un savant jésuite qui se trouvait de passage sur le navire. La Bourdonnais travailla avec ardeur à cette science, et y fit de tels progrès durant le voyage que son professeur lui dit en débarquant : *Mon petit ami, il était temps pour moi que nous arrivassions, car nous allions être obligés de changer de rôles. Un mois de plus, et de maître je devenais disciple.*

Du reste, ce n'était pas seulement dans cette branche de savoir que se distinguait La Bourdonnais. La nature l'avait doué d'une vaste mémoire et d'une singulière aptitude à toutes les spécialités de la science. La géométrie, l'astronomie, la législation, l'architecture, l'agriculture, l'industrie même, lui étaient familières. Ses connaissances s'étendaient surtout dans l'art de construire et de diriger les bâtiments. Il était en outre très-habile ingénieur, comme il le prouva en mainte occasion.

Il avait à peine dix-huit ans lorsqu'il écrivit son traité sur la mâture des vaisseaux, traité que l'on consulte encore avec fruit de nos jours, malgré les immenses progrès accomplis depuis un siècle dans la navigation.

Mais son plus grand mérite, selon nous, était la façon dont il savait utiliser la science universelle qu'il possédait. Aussi Mahé était-il un homme précieux à la tête d'une colonie, surtout à son époque où des guerres continuelles empêchaient qu'on s'occupât de nos possessions lointaines avec la sollicitude dont elles étaient dignes.

On s'en aperçut en peu de temps quand il fut appelé aux gouvernements de l'Ile-de-France et de l'île Bourbon. Ces deux colonies jusqu'alors assez négligées prirent, sous son active administration, une importance extraordinaire. Il creusa de nouveaux ports et éleva des fortifications formidables; il commença ou acheva, à la grande satisfaction des habitants, une quantité de monuments, de ponts, de quais, de routes, de viaducs, etc.; il établit des lois et des règlements rigoureux, mais toujours justes et bien en rapport avec les mœurs et les besoins de la population; il enseigna aux colons la culture de certaines plantes étrangères au pays, telles que le coton, le café, le manioc et la canne à sucre; enfin il donna les plans et dirigea l'exploitation des premiers établissements manufacturiers créés dans les deux îles, sucreries, indigoteries, fabriques de coton, etc., etc.

Ce n'est pas tout, nos dépendances d'outre-mer tiraient alors leurs embarcations de la France et de l'Inde; elles n'avaient pas même de charpentiers capables d'en réparer les avaries et, pour les travaux de radoub, on y était obligé d'attendre les navires de passage. La Bourdonnais fit tout ce qui était en son pouvoir pour que cet état de choses cessât. Il organisa un vaste chantier, et bientôt la colonie cons-

truisit et équipa avec ses propres ressources des
bâtiments de guerre et de commerce.

Ce qu'il y avait de plus surprenant, c'est que tant
d'améliorations s'exécutaient sans aucun secours de
la métropole ; bien loin de là, Mahé, comme tous
les hommes éminents, trouvait des contradicteurs
et des calomniateurs auprès de son souverain. Ceux
qui jalousaient son mérite, cherchaient par tous les
moyens à noircir ses intentions les plus loyales.
De viles intrigues furent ourdies contre lui, mais ne
réussirent heureusement pas à le faire rappeler.

Sur ces entrefaites, on apprend tout à coup que
la paix est rompue entre la France et l'Angleterre.
Mahé n'ayant qu'un vaisseau de guerre à ses ordres,
prend aussitôt la résolution de se créer une flotte. Il
réunit tous les bâtiments marchands qu'il peut se
procurer et les transforme en navires militaires ; il
arme les batteries avec des canons pris dans les forts ;
il enrôle pour former ses équipages tous les volon-
taires qui se présentent, colons, nègres, indiens, enfin, les vivres lui manquant, il en va chercher à
Madagascar.

Un affreux ouragan fond sur sa petite flotille et
la jette à la côte. La plupart des bâtiments sont désemparés, quelques-uns même échouent sur le rivage de la petite île Marosse ; mais La Bourdonnais
ne se démoralise point : il descend à terre et entre-
prend de radouber ses vaisseaux. Aussitôt, comme
par enchantement, s'élèvent un quai, des forges,
une corderie. Il alimente ses forges avec le lest en
fer de ses navires ; il fait détordre les vieux cordages
pour fabriquer des câbles neufs ; il construit même
une chaussée pour communiquer avec les magnifi-
ques forêts de l'intérieur de l'île, afin que d'excellents bois abondent aux chantiers de réparations.

Admirable patience du génie, dont Mahé devait fournir un plus grand exemple encore en des jours de malheur et de désespoir !

Enfin, après quarante-neuf jours de travaux non interrompus, neuf vaisseaux sortent majestueusement du mouillage et courent droit à l'escadre britannique qu'ils rencontrent dans les parages de Negapatnam. Une terrible action s'engage, les Anglais sont battus, et La Bourdonnais, resté maître de la mer des Indes, s'empare de Madras (1746), et met à l'abri de toute insulte les deux florissantes colonies qu'il a créées à la France.

Le croirait-on ? à peine le bruit de ses exploits s'est-il répandu, que de nouvelles attaques sont dirigées contre le vaillant gouverneur. Cette fois, c'est la Compagnie des Indes qui porte contre lui d'étranges accusations. Indigné d'une telle conduite, Mahé quitte le poste de l'honneur pour venir se justifier à Paris, mais à peine arrivé, il est arrêté et jeté à la Bastille sans qu'il lui soit permis de se faire entendre. Enfermé dans un étroit cachot il a pourtant décidé qu'il éclairerait la justice de son pays. Tout lui manque pour écrire, mais il invoque ses facultés créatrices. Avec des mouchoirs blancs empesés d'eau de riz, il fait des feuilles de papier ; un morceau de cuivre lui sert de plume, et il se compose de l'encre avec du marc de café mêlé de suie. Il écrit alors un long manuscrit et trace de mémoire une carte d'une exactitude étonnante. A la fin pourtant, on voulut bien s'occuper de l'infortuné sacrifié avec tant d'étourderie et de précipitation. Une enquête fut ouverte sur les prétendus délits de La Bourdonnais, il fut déclaré innocent et réhabilité de la manière la plus éclatante (1753), mais il était trop tard ! Trois ans de détention avaient brisé les forces du prisonnier qui succomba le lendemain de sa mise en liberté, âgé seulement de cinquante-quatre ans... Odieuse et exécrable calomnie, que celle qui ravissait ainsi à la France l'un de ses plus nobles enfants !

SUFFREN

Suffren est un de ces hommes rares, dont la grandeur d'âme et la droiture de caractère égalent l'élévation du génie. Bouillant soldat, savant tacticien, intègre administrateur, il satisfaisait à toutes les exigences du commandement en chef. La bonté de son cœur en faisait surtout l'idole des marins et les aidait à supporter patiemment la rigoureuse discipline qu'il avait établie sur ses vaisseaux. Aussi, avaient-ils l'habitude de dire, lorsqu'ils voulaient qualifier une chose excellente : *C'est bon comme le bailli de Suffren.*

Né au château de Cannat, en Provence, le 13 juillet 1726, Suffren de Saint-Tropez fit ses premières armes comme garde-marine sur *le Solide* et *la Pauline* puis, comme enseigne à bord du *Monarque*. Fait prisonnier sur ce dernier navire et conduit en Angleterre, il ne revint en France qu'à la paix de 1748. Il profita de cet instant de répit pour se rendre à Malte où il prit ses degrés dans l'ordre militaire de Saint-Jean-de-Jérusalem, dont il devint successivement chevalier, commandeur et bailli. La guerre le rappela dans sa patrie en 1755. Il fut nommé lieutenant sur *le Dauphin-Royal* qu'il quitta bientôt pour *l'Océan*. Fait prisonnier une seconde fois par les Anglais, il recouvra la liberté au nouveau traité de paix signé en 1763, et monta en qualité de capitaine sur *la Mignonne*, et ensuite sur *le Fantasque.*

Cependant Suffren, qui devait être notre plus grand homme de mer pendant la seconde moitié du xviiie siècle, était arrivé à l'âge de cinquante-cinq ans, sans avoir obtenu un grade supérieur, et paraissait devoir vieillir dans les commandements subalternes. Ce n'était pas que son incontestable mérite n'eût été depuis longtemps apprécié; les amiraux aimaient à ce qu'il figurât dans leurs escadres et avaient plus d'une fois recouru à ses sages conseils. Mais sa modestie et son éloignement de toute intrigue, l'avaient fait longtemps oublier de la cour et des ministres. Il fallut une de ces expéditions difficiles où l'on est tenu de faire beaucoup avec peu, pour que l'on songeât à Suffren qui répondit avec empressement à l'appel de l'Etat.

Il partit de Brest le 22 mars 1781, à la tête de cinq vaisseaux et de deux frégates pour ravitailler le Cap de Bonne-Espérance et croiser dans les mers des Indes. Il combattit d'abord l'amiral Johnston à Praya, après quoi il fit voile pour le Cap et l'Ile-de-France. Il soutint encore contre les Anglais une violente lutte qu'un grain subit interrompit. Puis il cingla vers les Indes où il apportait 3,000 hommes de renfort et revint se mesurer avec sir Hughes sur les côtes de Ceylan.

Il jeta ensuite l'ancre à Batacolo où ses équipages furent rudement éprouvés par le scorbut, et quitta ce mouillage en se dirigeant vers Tranquebar, Gondelour et Negapatnam.

Le 5 juillet 1782, Suffren, monté sur *le Superbe*, livra son troisième combat à sir Hughes, et l'orage sépara encore une fois les deux adversaires. C'est en cette circonstance que l'officier français, commandant *le Sévère*, se voyant entouré d'ennemis, amenait lâchement son pavillon, lorsqu'un de ses lieutenants, nommé *Dieu*, déclara, au nom de l'équipage, refuser de se rendre et donna l'ordre de rehisser le drapeau blanc. Ce qui fit dire plus tard que le capitaine du *Sévère* voulait se rendre, mais que *Dieu* ne le permit pas.

Quelques jours après, Suffren fut renforcé de deux vaisseaux, une frégate, une corvette et huit transports de troupes que lui amenait le capitaine d'Aymar ; il courut aussitôt attaquer les forts de Trinquemalé qui capitulèrent le 30 août 1782.

Il est difficile de se figurer la stupéfaction de l'amiral Hughes lorsque, paraissant le soir du même jour devant la position, il aperçut le pavillon blanc à la place du yak britannique, attendu qu'il ignorait complètement que la place se fût rendue aux Français. Mais Suffren ne lui donna pas le temps de revenir de sa surprise et se mit en ligne aussitôt. Les hasards de la bataille voulurent que le commandant français se trouvât isolé au milieu de la flotte ennemie. Un moment, Suffren se croit abandonné par ses lieutenants, car il est enveloppé d'une muraille de flammes et ne voit rien au-delà. La mitraille et les boulets percent ses bastingages, déchirent ses voiles, font écrouler ses mâts, mais qu'importe !... Il a pris la résolution de vaincre ou de mourir. Chaque fois que le drapeau de la France disparaît au milieu de cet ouragan de fer, l'intrépide marin s'écrie d'une voix tonnante : *Des pavillons ! des pavillons ! qu'on en couvre mon vaisseau !* Enfin les autres navires de son escadre, qu'un calme plat retenait seul loin de leur poste de combat, arrivent avec la brise du soir et dégagent leur amiral. Sir Hughes, gagnant alors le large, fait voile pour Madras afin d'y radouber ses bâtiments, tandis que Suffren revient à Trinquemalé où il répare ses avaries en quelques jours,

C'est en ce moment que l'habile capitaine apparaît dans toute la splendeur de son talent, en exécutant depuis l'embouchure du Gange jusqu'à Madras un blocus qui est resté immortel. Mais il apprend tout à coup que l'amiral anglais assiége Gondelour par terre et par mer ; il accourt aussitôt vers la ville menacée. Sir Hughes, craignant d'être enfermé entre la terre et la flotte française, comme cela lui est arrivé déjà une fois avec Suffren, quitte sa ligne d'embossage et appareille brusquement. Nos navires le poursuivent et, quoique inférieurs en nombre, lui offrent hardiment la bataille. La canonnade dure sept heures avec une égale furie, les vaisseaux se heurtent et s'entre-déchirent, enfin les Anglais reculent aux acclamations de nos équipages. Suffren entre dans Gondelour, porté en triomphe par les défenseurs de la ville qui saluent en lui un libérateur.

Quelques jours après une frégate française, *la Surveillante*, apporta la nouvelle de la paix signée à Versailles depuis trois mois. Suffren revint en France et, en passant par le Cap, fit don aux colons hollandais de sa part de prises dans l'Inde, laquelle se montait à cent trente mille livres.

Le grade de vice-amiral l'attendait comme récompense de ses éminents services. Son nom devint le sujet de l'admiration populaire, et nul mieux que lui, du reste, ne l'avait jamais méritée.

Suffren avait soixante-deux ans lorsqu'il mourut à Paris, le 8 octobre 1788.

BOUGAINVILLE

Né à Paris, le 11 novembre 1729, Louis de Bougainville resta longtemps indécis sur le choix d'une profession. Ainsi, il figura d'abord parmi les avocats au parlement de Paris, il s'engagea ensuite dans les mousquetaires noirs, quitta le service pour s'adonner entièrement aux mathématiques, puis se fit nommer secrétaire d'ambassade. Dans ces différentes fonctions, il fut toujours remarqué par des qualités hors ligne, et à vingt-deux ans, il était déjà connu par un traité de calcul intégral qui avait fait quelque bruit parmi les savants de l'époque.

Cependant il finit par embrasser une carrière définitive, en entrant avec le grade d'aide-major dans le bataillon provincial de Picardie (1753) ; il devint ensuite aide-de-camp de Chevert (1754), puis aide-de-camp du marquis de Montcalm qui faisait des prodiges en Amérique pour nous conserver le Canada.

Bougainville était un lieutenant digne de seconder l'intrépide Montcalm. Aussi ces deux hommes, pour qui le nom de la France était tout, ne tardèrent-ils pas à se comprendre et à s'apprécier comme ils méritaient de l'être.

Il s'agissait de repousser l'invasion anglaise à quel prix que ce fût, et avec des moyens bien insuffisants qu'on ne pouvait compenser que par de l'audace, beaucoup d'audace! Ni Montcalm, ni Bougainville n'en manquait. Le premier avait depuis longtemps fait ses preuves; le second brûlait de donner les siennes à son tour. C'est sur ces entrefaites qu'on apprit qu'une flottille anglaise, chargée d'armes et de munitions, s'était réfugiée pendant l'hiver sous les canons d'un fort au fond du lac du Saint-Sacrement. Bougainville propose aussitôt à son commandant d'aller incendier les navires ennemis; et le voilà parti à travers d'immenses solitudes couvertes de neige pour un voyage de plus de cent lieues. Son détachement est peu nombreux, il est vrai, mais ce qui vaut mieux que le nombre, il est entièrement composé d'hommes rompus aux fatigues et déterminés à tout.

Le premier obstacle qui se présente est une longue suite de forêts impénétrables à travers desquelles on se fraye un chemin à coups de hache. Mais la chute d'une énorme quantité de neige barre la route, on en triomphe encore et l'on passe outre. Bougainville arrive alors sur les bords de la rivière de Richelieu, qu'il espère trouver complètement gelée mais qui charrie de gigantesques glaçons. Il se sert de ces glaçons comme de radeaux, descend avec eux une partie du fleuve et, sautant sur l'autre rive, se montre inopinément aux Anglais. Alors, sans leur donner le temps de se reconnaître, il attaque la flotille et l'incendie à la vue du fort; puis il reprend la route du camp français où il ramène sa petite troupe don les pertes sont insignifiantes.

La belle saison revient et la guerre éclate avec plus de fureur; cinq mille des nôtres se trouvent entourés par vingt-quatre mille Anglais. On ne sait quel parti prendre, car la résistance et la fuite semblent également impossibles. Cependant Bougainville avise une position favorable, on s'y retire, on s'y couvre de fossés et de palissades, et l'on attend

tranquillement l'ennemi. Celui-ci s'avance bientôt
en plusieurs colonnes et renouvelle sept fois ses attaques. Vaine opiniâtreté !... Chaque fois que les
Anglais arrivent au pied des retranchements, des
décharges meurtrières les couchent sur le sol. Pendant douze heures, l'air retentit du bruit de la mousqueterie, le sang de six mille ennemis rougit le
champ de bataille ; enfin, leurs troupes se rebutent,
lâchent pied et nous laissent victorieux dans cette
vallée où nous avons combattu un contre cinq.

A la suite de cette brillante action, Bougainville,
blessé à la tête, fut nommé colonel et décoré de la
croix de Saint-Louis.

Malgré cette victoire décisive, l'Angleterre était
trop acharnée après nos malheureuses colonies pour
que nous espérassions sortir vainqueurs d'une pareille lutte. Cette puissance avait coalisé l'Europe
contre nous, afin d'avoir tout le loisir de conquérir
nos possessions du Nouveau-Monde. Montcalm expira, frappé de trois blessures, dans une grande et
sanglante bataille. Le Canada était perdu pour nous!
Bougainville vint se battre en Allemagne. Là, sa
conduite fut si noble et si vigoureuse à la fois, que
le roi prétendit le récompenser d'une façon particulière. C'est dans cette intention qu'il lui fit don de
deux petits canons, que l'estimable officier plaça
sur sa terre, afin qu'ils restassent pour ses descen-
dants un témoignage d'illustration perpétuelle.

Une paix générale ayant suspendu les hostilités
en Europe, Bougainville, qui ne pouvait vivre en
repos, sollicita un emploi dans la marine. Sa prière
fut entendue, et il reçut le grade de capitaine de
vaisseau Il ne se dissimulait pas qu'il était incapable de remplir un poste de cette importance dans
une profession qui lui était parfaitement étrangère.

Aussi n'agit-il pas ici comme un grand nombre de personnages vulgaires, dont le sot orgueil ne souffre aucune observation. Bien au contraire, il s'attacha à faire de rapides progrès dans ses nouvelles fonctions, et pour ce, il eut soin de s'entourer de lieutenants expérimentés, capables de lui donner de bons conseils dans les circonstances embarrassantes. Les hommes supérieurs sont ainsi faits qu'ils savent s'apprécier à leur juste mérite et que, ne se trouvant pas à la hauteur de la mission qui leur est confiée, ils ne dédaignent pas de paraître ignorants afin d'acquérir les connaissances qui leur manquent.

Il fit d'abord deux expéditions aux îles Malouines, puis il entreprit son grand voyage de circumnavigation. Il avait alors deux navires sous ses ordres : la frégate *la Boudeuse*, de vingt-six canons, et *l'Étoile*, armée en flûte. Il relâcha à Montevideo, puis à la Terre-de-Feu, dont l'un des ports a gardé son nom. Il découvrit ensuite l'*Archipel-Dangereux*, visita Taïti qu'il surnomma la *Nouvelle-Cythère*, les îles des Navigateurs, les Nouvelles-Hébrides, la Nouvelle-Guinée, et fit la découverte de la *Louisiane*, de l'île et du détroit *Bougainville*. Il toucha encore à la Nouvelle-Irlande, dans un port inexploré qu'il qualifia de port *Praslin*, mouilla à l'île Bourou, à Batavia, et de là cingla directement pour Saint-Malo, où il débarqua le 16 mars 1769. Il était le premier Français qui eût accompli un voyage autour du monde ; il y avait vingt-huit mois qu'il était parti de Nantes.

En 1782, le chef d'escadre Bougainville partit de Brest avec le comte de Grasse pour la mer des Antilles, où devait s'opérer notre jonction avec la flotte espagnole. Rencontrés par les Anglais que commandait l'amiral Rodney, de Grasse eût pu cependant éviter de combattre, mais il voulut sauver un de ses navires resté en arrière ; et les deux flottes se trouvèrent à portée de canon. Nos adversaires étaient plus forts que nous d'un tiers. Le vaisseau amiral français, *la Ville-de-Paris*, fut entouré par huit navires ennemis et forcé d'amener son pavillon, non sans avoir fait une vigoureuse résistance. Le comte de Grasse rendit son épée au vainqueur. Les vaisseaux *le Glorieux*, *le Pluton*, *le César*, *l'Hector*, tombèrent également au pouvoir de l'ennemi en voulant dégager leur chef ; *l'Ardent* seul fut rendu presque sans combat par la lâcheté de son capitaine. D'autres navires, parmi lesquels *le Northumberland* de soixante-quatorze canons, seraient encore devenus la proie des Anglais, sans Bougainville qui vint, sur *l'Auguste*, leur prêter un formidable secours. Cet officier se retira fièrement devant l'ennemi victorieux et rentra avec une partie de nos vaisseaux dans le port de Saint-Eustache, tandis que le marquis de Vaudreul conduisait le restant à Saint-Domingue.

Bougainville se retira du service à l'époque de la révolution, après avoir porté les armes près de quarante ans. Il fut, en 1796, élu à l'Institut dans la section de géographie, et ensuite, nommé membre du bureau des longitudes. Il ne cessa durant sa belle vieillesse de participer d'une manière remarquable à tous les travaux entrepris par les deux sociétés savantes dont il faisait partie. Enfin Napoléon le nomma sénateur. Bougainville à quatre-vingt-deux ans avait conservé la santé robuste et le caractère enjoué de sa jeunesse. Une violente maladie l'emporta en dix jours. Il mourut à Paris le 31 août 1811.

MARION.

Du Fresne Marion était originaire de Bretagne.
Dès sa jeunesse il s'était senti la plus irrésistible
vocation pour la marine, et depuis n'avait cessé de
rêver des voyages aventureux et lointains. Malheureusement ou heureusement pour lui peut-être, son
modeste grade de capitaine de brûlot ne lui permettait pas d'ambitionner hautement le commandement
d'une grande expédition. Malgré cet obstacle, il
était continuellement à la piste des moindres évènements, espérant toujours qu'une occasion viendrait
en aide à l'accomplissement de ses projets. Sa destinée devait s'accomplir. L'espoir qu'il avait caressé
si longtemps se réalisa enfin, et voici en quelles circonstances:

Dans le cours de son voyage autour du monde,
Bougainville avait pris à son bord, pour le conduire
en France, un naturel de Taïti, nommé Aotourou.
Ce sauvage après avoir demeuré onze mois à Paris
et quoique s'accoutumant parfaitement à nos mœurs,
désira cependant revoir les parages éloignés de sa
patrie afin, sans doute, de raconter aux hommes de
sa tribu les merveilles des nations civilisées. Il
partit donc de la capitale, au mois de mars 1770,
pour aller s'embarquer à La Rochelle, sur le navire
le Brisson, chargé de le conduire à l'Ile-dé-France.
Une fois là, c'était sur un autre bâtiment qu'il devait
achever sa traversée.

Marion n'eut pas plutôt eu connaissance de ce qui se passait, qu'il sollicita de l'administration coloniale la faveur de transporter l'Indien dans son île. Son désir était si profond qu'il offrit de supporter lui-même toutes les dépenses de *la* campagne, à la condition seulement qu'on joindrait une flûte de l'Etat au bâtiment qu'il commandait et dont il était propriétaire.

Sa proposition fut agréée et il appareilla le 18 octobre 1771. Il avait deux navires sous ses ordres, *le Mascarin*, qu'il montait avec son lieutenant Crozet, et *le Marquis-de-Castries*, capitaine Duclesmeur. L'expédition toucha d'abord à l'île Bourbon, puis à Madagascar, où l'infortuné Aotourou mourut de la petite vérole. On cingla ensuite vers le cap de Bonne-Espérance, après quoi l'on découvrit l'île de la Caverne, les îles Froides, l'île Aride et l'île de la Possession. Ayant effectué une descente dans la Nouvelle-Hollande, on eut à soutenir contre les insulaires un violent combat dans lequel Marion et l'un de ses officiers furent blessés. On reprit alors la mer et l'on aperçut bientôt les côtes de la Nouvelle-Zélande. Une des hautes montagnes de cette île reçut du capitaine le nom de pic Mascarin.

A la vue des navires, les naturels accoururent en foule sur le rivage, manifestant les intentions les plus amicales. Bientôt même, ils montèrent dans leurs pirogues et vinrent à bord de nos bâtiments apporter du poisson et du gibier. Ravi de ces dispositions pacifiques, Marion ne tarda pas à descendre dans l'île afin d'en visiter l'intérieur, et se lia de la façon la plus intime avec Tacoury, chef du principal village de la baie. Ils faisaient ensemble des repas, des promenades, des parties de chasse et de pêche. Jamais navigateurs européens n'avaient reçu plus cordiale hospitalité des peuplades barbares de l'Océanie.

Il y avait trente-trois jours que nos navires étaient mouillés dans le port. C'était le 12 juin 1772. Marion descendit à terre, emmenant avec lui, deux jeunes officiers, un volontaire, le capitaine d'armes et douze matelots. Tacoury, un autre chef et cinq insulaires se joignirent à eux sur la plage. Il s'agissait d'une partie de plaisir. On devait jeter les filets au pied du village du grand chef et manger des huîtres après la pêche. Bientôt officiers, matelots et sauvages furent hors de vue. Le soir, contre sa coutume, le capitaine français ne revint pas coucher à bord.

Le 13, une chaloupe étant partie à cinq heures du matin pour faire du bois et de l'eau, un des hommes de cette embarcation, Yves Thomas, revint à la nage quatre heures après. Son sang coulait par deux blessures, et il raconta comme quoi, en descendant dans l'île, ses camarades avaient été massacrés. A cet affreux récit, on ne douta pas que Marion et les seize hommes qui l'accompagnaient n'eussent éprouvé le même sort.

Duclesmeur et Crozet résolurent de retrouver les traces de leur infortuné commandant, et organisèrent une petite colonne de débarquement qu'ils dirigèrent sur l'île. Cette colonne était à peine sur la grève qu'elle se vit entourée par un millier de sauvages, mais elle était bien armée et ne se troubla point. Quelques-uns des naturels étaient vêtus d'uniformes français et porteurs de haches, de sabres et de fusils ; les autres agitaient des casse-tête et des massues en poussant d'horribles clameurs où l'on distinguait ces mots : *Tacoury maté Marion!* (Tacoury a mangé Marion !) Ainsi cette peuplade dont les mœurs douces et inoffensives nous avaient surpris et charmés, n'était qu'une hypocrite et féroce tribu d'anthropophages !

Aux cris sinistres jetés par leurs ennemis, nos marins sentirent le sang se figer dans leurs veines, mais cette impression fut de courte durée On jura de venger les vingt-huit malheureuses victimes de ces cannibales. Déjà, les sauvages s'avançaient à la rencontre des Français en brandissant leurs armes pour les défier au combat. Les fusils de nos matelots s'abaissèrent sur cette ligne épaisse dont ils trouèrent les rangs avec fracas. On ajustait surtout les chefs qui se montraient les plus forcenés après nous avoir trompés si longtemps par de faux semblants d'amitié. Plusieurs d'entre eux roulèrent sur le sable. On chargea ensuite à la baïonnette, et tous les Zélandais furent égorgés ou jetés à la mer. Alors on s'achemina vers le village de Tacoury, mais on n'y arriva que pour en voir fuir les habitants. A leur tête était leur chef, paré des dépouilles de Marion. On se répandit immédiatement dans les cabanes de la bourgade abandonnée et on les fouilla de fond en comble. On y trouva des armes et des vêtements sanglants, parmi lesquels une chemise qu'on reconnut pour celle du commandant. Le col de cette chemise était ensanglanté, on remarquait également sur les côtés quatre trous tachés de sang. Mais le plus hideux spectacle nous attendait dans la cuisine de Tacoury. On y découvrit une partie de la tête d'un homme cuite depuis quelque temps et sur les parties charnues de laquelle on distinguait l'empreinte des dents qui l'avaient à moitié dévorée. On vit en outre une cuisse humaine, aux trois quarts mangée, et tenant encore à une broche de bois. C'était peut-être là tout ce qui restait du malheureux navigateur arrêté si vite dans ses rêves d'avenir.

Les Français incendièrent le village qui ne présenta bientôt plus qu'un monceau de cendres. Les équipages étaient malheureusement trop faibles pour songer à poursuivre Tacoury dans les déserts où il s'était réfugié. On se résigna donc à mettre à la voile, laissant au rivage témoin de cette catastrophe le nom sinistre de *port de la Trahison* qui lui assurait pour toujours une infâme célébrité!

D'ESTAING

Le comte d'Estaing (Charles-Hector) naquit en 1729, au château de Ruvel, en Auvergne. Colonel d'un régiment d'infanterie, puis, brigadier des armées du roi, il servit dans les Grandes-Indes sous les ordres du comte de Lally. Tombé entre les mains des Anglais et devenu prisonnier sur parole, il eut le tort, en s'évadant, de manquer à l'engagement d'honneur qu'il avait pris. Aussitôt libre, il arma trois corsaires sur lesquels il fit son apprentissage maritime en ruinant le commerce ennemi. Mais il se laissa prendre de nouveau, et cette fois, il subit dans les cachots de Portsmouth une captivité dont la juste rigueur l'exaspéra. Rendu à la liberté en 1763, il ne respira plus que vengeance, et obtint dans la marine le grade de lieutenant-général, attendant avec impatience le moment de se signaler. Il était vice-amiral lorsqu'il partit de Toulon le 19 avril 1778, à la tête de douze vaisseaux, pour aller combattre les Anglais dans les mers d'Amérique.

Il secondait les troupes américaines au siége de Rhode-Island et allait opérer une descente contre cette place, quand deux escadres anglaises parurent à l'horizon. C'étaient celles des amiraux Howe et Byron, dont l'intention visible était de prendre les Français entre deux feux. D'Estaing jette un coup d'œil rapide sur sa situation et prend son parti en homme supérieur. Il donne l'ordre de s'élever en pleine mer, et se déploie bientôt en ligne devant les flottes de la Grande-Bretagne. Le feu va commencer, lorsque la tempête éclate tout à coup et soulève jusqu'aux cieux les montagnes humides de l'Océan. Les hommes font trève à leurs fureurs et se hâtent de conjurer celle des éléments déchaînés. Pendant quarante heures, Anglais et Français secoués par les lames, s'entremêlent, se heurtent, se dispersent, ne s'occupant que de leur propre salut. Le vaisseau-amiral *le Languedoc* brisé, démâté, séparé des autres navires, voit une énorme trombe d'eau s'abattre sur son arrière et lui arracher son gouvernail. Désormais ce fier navire n'est plus qu'une masse inerte que les flots ballottent à leur gré. Les secousses qu'il en reçoit sont si rudes que les canons, les boulets roulent sur le pont et écrasent les matelots. Enfin le ciel s'éclaircit, les nuages se replient, les vagues s'apaisent. Mais alors, nouveau péril, le vaisseau-amiral est, par suite de ses avaries, dans l'impossibilité d'exécuter aucune manœuvre et doit se rendre aussitôt qu'on l'attaquera. C'est sur ces entrefaites qu'une ligne de neuf voiles apparaît au loin avec les premières lueurs de l'aurore. On se figure aisément quelle anxiété produit cette vue sur nos malheureux matelots. Seul, d'Estaing, toujours calme quoique le cœur serré, examine attentivement les navires qui grandissent peu à peu. Tout à coup il pousse un cri... ces vaisseaux, il les a reconnus! ce sont ses lieutenants qui viennent à sa recherche: il est sauvé!

Après un radoub indispensable, la flotte française reprit la mer, s'empara de Saint-Vincent, puis se présenta devant la Grenade. C'était une inexpugnable position protégée par des forts bien armés et perdus dans les nuages. Il fallait un homme aussi entreprenant que d'Estaing pour oser tenter la conquête de cette île. Sans hésiter un instant, il débarque ses troupes à la nuit tombante, les dispose en trois colonnes et les lance vigoureusement sur une des montagnes les plus escarpées. Lui-même, donnant l'exemple, se précipite, l'épée à la main, à la tête de ses soldats qu'il électrise. Bientôt les boulets et les balles déciment les assaillants; le terrain est en outre tellement difficultueux que nos guerriers sont, pour ainsi dire, contraints de se soutenir les uns les autres sur la pente qu'ils s'efforcent de gravir. Mais rien n'arrête leur ardeur et ils touchent enfin au sommet du morne d'où ils délogent les Anglais à la baïonnette. A dix heures du matin, le drapeau de la France flottait sur tous les forts de l'île sans exception. C'est à la suite de ce hardi coup de main qu'on fit le distique suivant:

Les rieurs sont pour nous, l'Anglais est bien malade,
Et, grâces au d'Estaing, nous avons la Grenade.

Mais ce n'était pas le tout de conquérir cette colonie, il fallait en savoir conserver la possession. Bientôt l'amiral Byron provoqua la flotte française, en déployant en vue de la Grenade une ligne de vingt et un vaisseaux anglais. D'Estaing n'était pas homme à se le faire dire deux fois; il gagna le large aussitôt et poussa ses navires sur ceux de l'ennemi. Nos marins, animés du plus bouillant courage, se battirent comme des lions. Pendant plusieurs heures, le feu ne cessa de gronder, enveloppant les armées navales d'un épais nuage de fumée. Enfin l'escadre britannique recula devant nos canons. L'amiral Byron donna l'ordre de la retraite, dirigeant de son mieux la marche de ses vaisseaux désemparés, et les voyant avec désepoir couler en pleine mer ou échouer sur les côtes environnantes.

A la suite de cette glorieuse expédition, d'Estaing fit encore une campagne en Amérique, puis il reçut en 1783 le commandement des flottes combinées de France et d'Espagne. La paix ayant rendu nos vaisseaux inactifs, d'Estaing revint en France où, peu après, il se retira du service. Il avait toujours été en butte à la malveillance de la plupart de ses lieutenants et les avait vus même plusieurs fois, compromettre par de fausses manœuvres le succès de ses combinaisons. Il se plaignait également de la froideur de la cour à son égard, ce qui était vrai du reste, car au retour de ses expéditions, il avait été loin d'être accueilli comme il méritait de l'être. Aussi, lorsqu'éclata la Révolution, se jeta-t-il vivement dans le parti populaire. En 1789, il commandait la garde nationale de Versailles et prit une part active aux évènements de cette époque. Il n'en fut pas moins arrêté plus tard. On le tira seulement de prison pour comparaître comme témoin dans le procès de la reine de France. Mais il ne trouva aucune accusation contre celle qui, dit-on, avait été son ennemie sur le trône. Son silence ne sauva pas Marie-Antoinette, et la hache qui fit tomber la tête de l'infortunée princesse se releva pour frapper celle du vieux marin. Il fut guillotiné à Paris le 28 avril 1794. La République eût mieux fait de l'envoyer combattre à la tête de ses armées navales, où il ne manquait que des chefs illustres pour conduire à la victoire les plus braves marins des temps antiques et modernes.

LA MOTTE-PICQUET

Né à Rennes en 1720, le comte Toussaint-Guillaume Picquet de la Motte, plus connu sous le nom de La Motte-Picquet, était un petit homme sec et assez laid, mais doué d'un esprit rare et d'une extrême vivacité. Il entra au service en 1735 et fit sa première campagne deux ans après sur *la Vénus*, envoyée en croisière contre les Barbaresques.

Il en était à sa neuvième expédition maritime, lorsqu'en 1745, il passa à bord de *la Renommée*, commandée par l'intrépide Kersaint, sous les ordres duquel il fit plusieurs voyages au Canada et assista à deux combats livrés glorieusement contre les Anglais.

En 1746, son navire tomba pendant la nuit au milieu de l'escadre anglaise de l'amiral Anson. Attaquée d'abord par une frégate de trente-six canons, *la Renommée* se débarrassa de son agresseur en le démâtant. Elle agit de même à l'égard d'une autre frégate qui vint remplacer la première, et cette fois ce fut un vaisseau de soixante-dix qui se chargea de continuer la partie, en foudroyant le malheureux navire français sous ses puissantes batteries.

Dès les premières bordées, Kersaint tombe grièvement blessé, et sentant ses forces l'abandonner, croyant, de plus, avoir assez fait pour l'honneur de son pavillon, il mande ses officiers et leur propose de se rendre. C'est ici que la fermeté de La Motte-Picquet se dessine tout à coup. Le jeune lieutenant paraît animé d'un courage extraordinaire ; il refuse de mettre bas les armes, déclare répondre de tout et prend immédiatement le commandement du navire. Le feu continue avec fureur, morts et mourants s'amoncellent sur le pont de *la Renommée*, mais La Motte donne l'exemple. Son bras commande, sa voix tonne, son œil étincelle! Un boulet l'atteint au visage, lui dépouille la joue et lui coupe son chapeau au ras de la tête, il ne recule pas dans sa détermination. Bientôt enfin, docile à ses ordres, *la Renommée* parvient à se tirer des mains de ses ennemis et fait son entrée triomphale au port Saint-Louis.

En 1755, en 1760, il se distingue pas sa conduite remarquable. En 1763, il commande *le Solitaire*; en 1777, *le Robuste*; en 1778, *le Saint-Esprit*. C'est sur ce dernier navire, qu'ayant à son bord le duc de Chartres, il prit part au combat d'Ouessant. La Motte était alors chef d'escadre.

Il part ensuite en croisière à la tête de trois vaisseaux et met à la voile, se dirigeant vers les côtes britanniques. Pendant un mois il tient la mer et ne rentre à Brest qu'après avoir pris treize navires à l'ennemi.

En 1779, La Motte-Picquet appareille de nouveau pour conduire à la Martinique un convoi de quatre-vingts voiles. Monté sur *l'Annibal* de soixante-quatorze canons, ayant en outre sous ses ordres quatre autres vaisseaux et plusieurs frégates de guerre, il traverse fièrement l'Océan, accomplit sa mission et rejoint le comte d'Estaing. Il concourt alors à la prise de la Grenade, ainsi qu'à la victoire remportée à la fin de juin sur le vice-amiral Byron, Dans cette dernière affaire, le vaisseau *l'Annibal*, placé en serre-file de notre ligne, souffre beaucoup du feu de l'ennemi.

Le 18 décembre de la même année, La Motte étant à la Martinique, apprend qu'un convoi français, escorté par une frégate seulement, va être enveloppé par seize navires de guerre anglais. Il dépêche un de ses officiers pour en donner avis au gouverneur de l'île, puis il coupe ses câbles et s'élance en pleine mer. *Le Vengeur* et *le Réfléchi* le suivent. Pendant quatre heures ils supportent le feu de dix vaisseaux et, la nuit venue, ramènent au port la plus grande partie du convoi français qu'ils sont parvenus à sauver.

Le combat avait été tellement violent que *le Conqueror*, vaisseau anglais avait perdu son commandant, six officiers, et deux cents matelots. Le lendemain l'amiral ennemi, Parker, écrivit lui-même une lettre à La Motte-Picquet pour le complimenter de sa vigoureuse action de la veille.

Enfin, en janvier 1780, l'habile marin exécuta la belle croisière qui mit le comble à sa réputation. Avec six vaisseaux et six frégates seulement il osa affronter quinze vaisseaux de ligne anglais qui le poursuivirent en vain et ne purent le forcer à accepter un combat inégal. Ses manœuvres firent l'admiration des plus savants tacticiens de son temps. Tout en évitant une rencontre générale, il fondit comme un oiseau de proie sur les infortunés navires marchands qui s'égarèrent sur sa route, en amarina un grand nombre et ramena dans nos ports un butin d'une valeur considérable.

Il sortit ensuite de la Martinique, escortant quatre-vingts navires marchands. Il voguait vers Saint-Domingue, à la tête des quatre vaisseaux qui formaient son escadrille de guerre, lorsqu'il eut en vue trois forts bâtiments anglais qui paraissaient vouloir lui barrer le passage. Il force aussitôt de voiles et marche seul au devant d'eux. Pendant plusieurs heures, ils les canonne sans relâche, supportant avec une rare énergie les feux croisés qui sont dirigés sur lui. Enfin on vient à son secours. Il essaie aussitôt de couper la retraite à l'ennemi, maintenant inférieur en nombre, mais atteint d'un biscaïen en pleine poitrine, il tombe inanimé sur le pont. Au même instant, un important renfort vient grossir les rangs des Anglais, et nous arracher définitivement la victoire.

Heureusement, La Motte-Piquet n'était pas blessé mortellement, il assista encore à un certain nombre de combats, exécuta plusieurs belles croisières et ne désarma qu'en 1783, époque à laquelle il quitta définitement la mer.

Quoique les fatigues et les blessures eussent fort altéré sa santé, il vécut encore quelques années. Mais des accès de goutte, auxquels il était sujet depuis longtemps, hâtèrent sa fin. Il mourut à Brest, le 11 juin 1791.

Dans sa longue et glorieuse carrière, il avait été dignement récompensé des services qu'il avait rendus à l'Etat. En 1775, le roi l'avait doté d'une pension de huit cents livres qui fut, en 1781, élevée à trois mille. Il avait en outre, été nommé cordon rouge en 1780, lieutenant général en 1782, et grand'croix en 1784.

DU COUEDÏC DE KERGOUALER

Né en 1740, au château de Kerguelenen, en Bretagne, le vicomte Charles-Louis Du Couëdic de Kergoualer, entra à l'âge de seize ans dans la marine royale. Après plusieurs affaires honorables, il reçut le grade de lieutenant de vaisseau et la croix de Saint-Louis. Le 7 octobre 1779, il avait été envoyé en reconnaissance sur la frégate *la Surveillante* et avait déjà amariné un certain nombre de prises, lorsqu'il rencontra à mi-Manche, la frégate anglaise *le Québec*.

Le branle-bas de combat retentit aussitôt à bord, puis, une fois chacun bien armé et prêt à commencer le feu, l'équipage de *la Surveillante* s'agenouilla et l'aumônier implora le ciel pour qu'il protégeât la cause de la France. Il adressa ensuite une courte exhortation aux matelots, les engagea à bien faire, et termina par ces nobles paroles : « *Qu'on meure pour la patrie ou pour la foi, Dieu récompense tous les martyres !* »

Les deux ennemis avaient constamment gouverné l'un sur l'autre, il était onze heures du matin, *la Surveillante* ouvrit le feu. *Le Québec* ne répondit pas sur le champ, et continua de s'avancer jusqu'à ce qu'il fut à demi-portée de son adversaire. Arrivé là, il fit, à son tour, gronder ses batteries, et le carnage alla toujours grandissant. Cependant l'engagement n'avait en rien suspendu la manœuvre des deux antagoniste qui continuaient de se rapprocher,

et qui bientôt se heurtèrent bord à bord. Alors ce
fut quelque chose d'horrible et de sublime à la fois;
les frégates vomissaient des flammes comme deux
cratères embrasés, et s'enveloppaient d'un large
panache de fumée ardente. Le retentissement
de l'airain assourdissait les combattants. Le sang
coulait sur le pont et dans les batteries, où
s'entassaient des cadavres affreusement mutilés.
Du Couëdic, sur *la Surveillante*, le commodore
Farmer, sur *le Québec*, encourageaient leurs hommes, et ceux-ci, noirs de poudre, ruisselants de
sang et de sueur, répondaient par d'enthousiastes
hourras aux alocutions de leurs capitaines.

Tout à coup, un projectile enlève le pavillon de
la Surveillante; l'équipage britanique pousse un long
cri de joie. Mais un pilote nommé le Manq s'élance
dans les haubans, en agitant un second pavillon blanc.
A l'instant même cet homme courageux devient
le but de tous les feux qui partent du *Québec* Les
balles, les biscaïens, les boulets, sifflent et grondent
autour de lui ; il n'en poursuit pas moins sa périlleuse ascension. Bientôt enfin, il accomplit l'audacieuse tâche qu'il s'est imposée, et le drapeau de la
France remonte fièrement dans les airs.

La lutte un moment suspendue par cette émouvante
péripétie, recommence alors plus implacable que
jamais. Les deux navires sont percées à jour, et la
moitié de leurs équipages couchée sur le pont pour
ne plus se relever, tandis que l'autre moitié animée
d'un sentiment de farouche grandeur, ne veut ni
repos ni quartier Les matelots qui survivent encore
à cette effroyable boucherie, se servent des monceaux de cadavres comme d'un rempart naturel.
C'est un duel à mort ! on combattra tant qu'il restera un canon avec sa charge de poudre, et un

homme ayant assez de forces pour mettre le feu à ce canon !

Les bordées se succèdent sans interruption, la mousqueterie pétille. Du Couëdic a reçu deux coups de feu dans la tête et un troisième dans le ventre ; le commodore Farmer est lui-même atteint de deux blessures mortelles, mais ces braves officiers ne quittent pas un instant leurs postes. Soudain, un épouvantable fracas se fait entendre, ce sont les mâts des deux frégates qui s'écroulent en même temps, écrasant les combattants sous leurs débris. Du Couëdic saisit le moment : il brandit sa glorieuse épée et s'écrie d'une voix sonore : « *A l'abordage ! à l'abordage !...* » Nos marins répètent ce cri comme un écho formidable, les grappins sont jetés, les Français font irruption sur le pont du *Québec* ...

Mais tout à coup, ils s'arrêtent terrifiés et se rejettent en arrière... Une dévorante gerbe de flammes se déploie sur le navire anglais : le feu est à bord !... *La Surveillante* s'éloigne en toute hâte de ce dangereux voisinage et met entre elle et l'ennemi, une centaine de mètres de distance.

Alors Du Couëdic, aussi généreux que brave, s'occupe avec ardeur de secourir les malheureux incendiés : il n'y a plus pour lui d'Anglais ni d'ennemis, ce sont des hommes, des frères qu'il faut arracher aux étreintes mortelles des flammes. Il ordonne de mettre les embarcations à la mer, mais elles ne sont plus qu'un inutile amas de planches brisées. L'émotion et le désespoir qu'il ressent en ce moment terrible sont tels qu'il laisse échapper de grosses larmes et se met à pleurer comme un enfant. Les bras croisés sur sa mâle poitrine, il contemple avec une poignante anxiété, *le Québec*, dont l'avant ne présente plus qu'une vaste fournaise, tandis que l'arrière, où flotte encore le pavillon britannique, se détache en noir sur un horizon de feu. Cependant l'honorable commodore anglais, chancelant sous ses blessures, reste calme au milieu de sa détresse et veille, avec le plus grand sang-froid, à ce que nulle confusion ne retarde l'embarquement de ses hommes, sur le seul canot qui lui reste. On le supplie en vain d'y descendre, il répond avec l'accent de l'héroïsme: « *Je dois sortir le dernier du Québec ou sauter avec lui !* » Bientôt, en effet, la frégate anglaise éclate comme un volcan, anéantissant son commodore, ses blessés et ses morts. Trois officiers et quarante-cinq matelots seulement, avait eu le temps de gagner le pont de *la Surveillante*, soit dans la chaloupe, soit à la nage. C'était tout ce qui restait d'un effectif de trois cents hommes. Les Français partagèrent de grand cœur leurs vivres et leurs vêtements avec ses infortunés ennemis, auxquels le commandant adressa ces mots : « *Vous avez admirablement fait votre devoir, et comme votre frégate a péri sous pavillon flottant, vous serez traités, non comme prisonniers de guerre, mais comme des frères recueillis d'un naufrage.* »

Il s'agissait maintenant de conduire au port *la Surveillante*, qui faisait eau de toutes parts. Anglais et Français se relevèrent indistinctement dans le service du bord. Si une tempête avait soulevé les flots en ce moment, la frégate était perdue ; heureusement, il n'en fut rien. L'aumônier, debout sur le pont, priait à haute voix pour le repos des morts et pour le salut du navire, lorsque la terre fut signalée. On était en vue de Brest. La vaillante frégate fit son entrée dans le port, remorquée par les chaloupes de tous les vaisseaux qui se trouvaient en rade. Ce fut un beau triomphe et qui paya dignement le brave équipage du généreux sang qu'il avait versé pour la patrie! Plus de soixante vaisseaux de guerre étaient pavoisés pour recevoir *la Surveillante*, et, à mesure qu'elle passait devant chacun d'eux, elle était saluée des cris de *vive le roi ! vive la France !* que répétaient les habitants de Brest, témoins de cet imposant spectacle.

Les bombardiers de la marine portèrent Du Couëdic en triomphe sur son brancard, et Louis XVI ratifia la parole de l'intrépide commandant. Les Anglais demeurèrent libres, on leur fournit des vivres et de l'argent, et l'on fréta un bâtiment neutre qui les déposa sur les rivages de la Grande-Bretagne.

Du Couëdic de Kergoualer ne survécut pas aux profondes blessures qu'il avait reçues le 7 octobre. Un moment pourtant, on espéra sa guérison complète, mais, malgré les soins touchants dont il fut entouré, il succomba le 7 janvier 1780, laissant des regrets universels. Il avait à peine quarante ans.

Sa veuve et ses enfants furent adoptés par l'Etat. Le roi lui fit élever un modeste mausolée, et voulut qu'on gravât sur la pierre l'inscription suivante : *Jeunes élèves de la marine, admirez et imitez l'exemple du brave Du Couëdic.*

Le vandalisme de 93 renversa ce monument, mais il fut réédifié avec pompe en 1805, par ordre de l'empereur Napoléon.

LA PEROUSE

La Pérouse est, sans contredit, le plus illustre de nos navigateurs. Son courage, l'étendue de ses connaissances, son célèbre voyage autour du globe lui ont depuis longtemps assuré une mémoire immortelle. Son naufrage mystérieux où il disparaît tout à coup sous un impénétrable linceul, entoure surtout son nom d'une éclatante auréole qui frappe d'étonnement et de respect. Une nation doit être fière de produire de pareils hommes, et heureusement ils ne manquèrent jamais à la France !

Jean-François Galaup de La Pérouse naquit à Alby, en 1741. Sa vocation éclata dès sa jeunesse, si bien qu'à seize ans, il avait déjà étudié à fond l'astronomie et l'art de la navigation.

Il s'embarqua, comme garde-marine, le 19 novembre 1756, et fit quatre campagnes de guerre sur *le Célèbre, la Pomone, le Zéphir* et *le Cerf*, puis il passa à bord du *Formidable*, commandé par le capitaine Saint-André du Verger. Fait prisonnier par les Anglais après un vigoureux combat d'artillerie où il fut assez grièvement blessé, La Pérouse sut utiliser le temps de sa captivité en étudiant la construction, l'équipement et le gréement des navires britanniques qui, à cette époque, différaient notablement des nôtres sur plusieurs points.

Revenu en France, il fit trois nouvelles campagnes sur *le Robuste*, fut promu le 1er octobre 1764, au grade d'enseigne de vaisseau et, jusqu'en 1778, parcourut toutes les mers du globe. Il rédigea pendant ce voyage une intéressante série d'observations astronomiques et géographiques qui servirent à rectifier bon nombre de cartes vicieuses. La guerre s'étant rallumée, le lieutenant La Pérouse reçut le commandement de *l'Amazone*. Il se distingua dans plusieurs combats livrés par le vice-amiral d'Estaing, s'empara, sur les côtes de la Nouvelle-Angleterre, de la frégate *l'Ariel* et concourut à la prise de *l'Experiment*.

Fait capitaine le 4 avril 1780, on lui confia *l'Astrée*, et il croisa avec le capitaine La Touche, commandant *l'Hermione*. Le 21 juillet, les deux officiers eurent connaissance de six frégates anglaises, *l'Allégeance*, *le Vernon*, *le Charlestown*, *le Jack*, *le Vautour* et *le Tompson*. La Pérouse et La Touche attaquèrent bravement cette flottille et, après un combat des plus vifs, s'emparèrent du *Charlestown* et du *Jack*. Les quatre autres navires prirent la fuite.

En 1782, La Pérouse fut envoyé dans la baie d'Hudson, pour y ravager les établissements anglais. Cette expédition qui passe à juste titre pour un chef-d'œuvre et dans laquelle il prouva que les lois de la guerre peuvent s'allier à celles de l'humanité, fut vivement appréciée du roi Louis XVI. Il fit appeler le commandant à son retour en France, et s'entretint avec lui, pour la première fois, d'un grand voyage de circumnavigation qu'il avait en vue depuis longtemps. Le navigateur dut alors dresser un plan de campagne que le monarque couvrit de notes marginales écrites de sa propre main, soit pour approuver, soit pour rectifier.

Le 1er août 1785, La Pérouse partit de Brest, quittant cette France qu'il ne devait plus revoir. Il montait *la Boussole*, dont le second était M. de Clonard. Il avait en outre sous ses ordres une autre frégate, *l'Astrolabe*, commandée par le capitaine De

Langle. Plusieurs savants accompagnaient l'expédition : c'étaient MM. Bernizet, ingénieur-géographe ; Monge et Dagelet, astronomes ; Lamanon, physicien minéralogiste et météorologiste , Dufresne et le P. Receveur, naturalistes ; l'abbé Mongès.

Les deux frégates, montées par cent hommes d'équipage chacune, reconnurent successivement Madère, l'île Sainte-Catherine, l'île de Pâques, les îles Sandwich, et vinrent mouiller au Port-Français.

C'est en ce lieu que les voyageurs furent, pour la première fois, frappés par la fatalité. Désirant sonder la baie au fond de laquelle est ce port, on avait préparé trois canots sous le commandement de plusieurs officiers. C'était le 13 juillet 1786. On devait, après le sondage, chasser et déjeûner sous des arbres. On se mit gaiement en route comme pour une partie de plaisir. Le premier canot voguait en avant, sur une mer calme et azurée, quand tout à coup un courant irrésistible l'entraîna sur les brisants de la côte, au milieu desquels il disparut sans espoir. La seconde embarcation vola aveuglément à son secours et s'engloutit également. Seul, le troisième canot, dirigé par MM. Boutin et Laprise-Mouton, se sauva par une heureuse manœuvre et vint porter à La Pérouse la nouvelle de cet affreux désastre. On comptait vingt et une victimes parmi lesquelles MM. d'Escures, de Marchainville, de Flassan et les frères De Laborde.

Du Port-Français, les frégates s'enfoncèrent dans l'Ouest et découvrirent la petite île *Necker*. La nuit suivante, elles faillirent se briser contre un récif à fleur d'eau sur lequel elles couraient à toutes voiles. On relâcha ensuite à Macao, puis on reconnut les îles Marianne et de l'Ascension, et enfin les Philippines où l'on séjourna six semaines.

La Pérouse parcourut alors la mer du Japon, où, en prolongeant les côtes, il se trouva bientôt enfermé dans un étroit canal barré par des récifs et des bancs de sable. Sa science et son habileté purent seules l'arracher de ces mers *où chaque flot cache un écueil*, et il alla mouiller sur la côte de Tartarie, dans une magnifique baie qu'il nomma baie *de Castries*.

On revint ensuite vers le sud, on côtoya l'île Saglien et l'on découvrit le détroit *La Pérouse*. Puis on traversa les Kouriles pour gagner le hâvre Saint-Pierre et Saint-Paul, dans le Kamtchatka.

L'expédition quitta ce port le 29 septembre 1787, et toucha aux îles des Navigateurs, où un nouveau malheur vint la frapper. M. de Langle étant allé à la tête d'une chaloupe et d'un canot, renouveler ses provisions d'eau douce dans une crique entourée de rochers, fut assailli à coups de pierres par les naturels. Les Français, après avoir hésité longtemps, firent feu sur les agresseurs, mais il était trop tard : les sauvages, armés de massues, s'élancèrent sur les matelots et les massacrèrent. Le capitaine De Langle, MM. Lamanon et Talin, furent tués ainsi que neuf hommes de l'équipage.

Après cette catastrophe, La Pérouse abandonna ces parages et vint jeter l'ancre à Botany-Bay. C'est de ce lieu qu'est datée sa dernière dépêche au ministre de la marine, dans laquelle il annonce qu'il va continuer son voyage selon les instructions qu'il a reçues.

Que fit-il depuis? on l'ignore. Pendant trois ans, on attendit en vain de ses nouvelles et l'on commença, dès-lors, à ressentir une inquiétude profonde sur son sort. L'Assemblée nationale envoya à sa recherche le général d'Entrecasteaux (1791) qui succomba dans l'expédition, sans parvenir à retrouver les traces de l'infortuné navigateur. Enfin, de nos jours, Dumont d'Urville fut plus heureux ; il aborda aux rivages qui avaient vu périr La Pérouse et recueillit les débris de son naufrage qui furent rapportés en France et l'on en a formé une pyramide qu'on peut voir au palais du Louvre, dans une des salles du Musée de la Marine.

VILLARET-JOYEUSE

Le comte Louis-Thomas Villaret-Joyeuse, naqui à Auch, en 1746. Il était d'une bonne famille de Gascogne, et fut destiné de bonne heure à la carrière ecclésiastique.

Mais là n'était pas la vocation du jeune homme ; il quitta donc le séminaire pour endosser l'uniforme des gendarmes de la maison du roi, et, peu de temps après, un duel le contraignit d'abandonner ce corps pour prendre du service dans la marine. Il comman· dait *la Nayade*, corvette de dix-huit canons, lorsqu'il se trouva en face d'un vaisseau anglais de soixante-quatre. Il soutint contre lui un combat désespéré, et ne se rendit qu'avec huit pieds d'eau dans sa cale.

Le capitaine anglais, lui dit en recevant son épée : « *Monsieur, vous nous donnez une belle corvette, mais vous nous l'avez vendue bien cher ;* » et l'amiral devant lequel il parut à Madras, témoigna de son admiration, en refusant de le recevoir comme prisonnier. Cette action héroïque valut à Villaret-Joyeuse, la croix de Saint-Louis, le grade de lieutenant de vaisseau, et le commandement de la frégate *le Coventry*.

En 1783, il reçut l'ordre de se rendre à Batavia, afin de s'entendre avec la Compagnie hollandaise sur diverses questions très-graves. Il sut, dans cette affaire, remplir parfaitement le but qu'on s'était proposé. En 1791, une insurrection de nègres ayant éclaté à Saint-Domingue, il partit pour cette île, sur la frégate *la Prudente*. C'est pendant cette traversée qu'il arbora le pavillon tricolore.

Nous étions en 1794, une famine d'une rigueur inouïe désolait la France, et l'on attendait avec anxiété l'arrivée d'un convoi qui rapportait du blé d'Amérique. Cependant, les Anglais bloquaient nos ports avec des forces accablantes ; la République résolut d'envoyer une armée navale pour frayer un passage à la flotte nourricière. Le capitaine Villaret fut nommé chef d'escadre et mis à la tête de nos bâtiments. Il partit de Brest le 1ᵉʳ plairial (20 mai) sur le vaisseau *la Montagne*. Le 9 (28 mai), on aperçut les Anglais, sous la conduite de l'amiral Howe, et le soir, on eut avec eux un engagement partiel que la nuit empêcha seule de devenir général. Le 10 (29 mai), le combat recommença ; le 11 et le 12 (30 et 31 mai), une brume épaisse couvrit l'océan ; enfin le 13 (1ᵉʳ juin), les deux flottes se heurtèrent de nouveau. Les Français n'avaient que vingt-six navires à opposer à l'ennemi qui en comptait trente-six, mais la disproportion de leurs forces ne ralentit pas leur ardeur, et ils attendirent froidement l'attaque. A la tête des mats flottaient, mêlés aux trois couleurs, des pavillons bleus avec ces mots en lettres d'or : *La victoire ou la mort !* La flotte anglaise arriva, grand largue sur nous, et le feu s'engagea à portée de pistolet...

Le premier choc fut terrible, des milliers de canons tonnèrent à la fois. Cependant l'amiral Howe manœuvre de manière à couper une partie de notre ligne, et réussit bientôt dans ses projets. *La Montagne* est enveloppée par six vaisseaux qui la foudroient, maisVillaret-Joyeuse, debout sur le pont avec le représentant du peuple Jean-Bon-Saint-André, triple les forces de son équipage par son impassible fermeté.Les boulets rouges, les boulets ramés, les grappes de raisin, les biscaïens, les balles labourent les murailles de son navire et raflent ses intrépides matelots. Il serait trop long d'énumérer ici les mille traits d'héroïsme qui éclatent dans cette lutte sanglante. A bord de *la Montagne*, chaque homme est un héros!

A peu de distance du navire amiral, un autre vaisseau donne le plus grand exemple de courage qu'on ait encore vu sur les flots. C'est *le Vengeur !* séparé du corps de bataille, assailli par trois bâtiments de force supérieure à la sienne, il résiste admirablement à la grêle de projectiles que leur tir croisé fait tourbillonner sur lui. Ses canons, servis avec une vigueur extraordinaire, ripostent victorieusement et rendent coup pour coup. Cependant, un autre ennemi vient attaquer le noble navire, c'est l'eau qui pénètre par ses blessures, et monte lente mais implacable.Le vaisseau s'enfonce sous son poids; les flots gagnent la cale d'abord, puis viennent baigner la base des canons dans la batterie. Alors, ce qui survit de l'équipage du *Vengeur* se réfugie sur le pont. Les Anglais lui crient en vain de se rendre. Nos marins clouent leur pavillon au tronçon d'un mat, et déchargent leurs dernières pièces aux cris mille fois répétés de : *Vive la France! vive la république! vive la liberté! vive la nation !* Puis, au moment où *le Vengeur* va descendre dans l'abîme, ils se serrent les uns contre les autres et entonnent un chant patriotique. comme s'ils se rendaient à une fête. Déjà l'eau bouillonne à leurs pieds, mais leurs visages bronzés gardent une expression de grandeur impossible à décrire. Enfin, la mer s'entrouvre avec un bruit effroyable et forme sous le navire un gouffre profond et irrésistible. Une dernière clameur vibre sur le champ de bataille. C'est un défi suprême jeté à l'ennemi. *Le Vengeur* s'enfonce avec une vitesse effrayante et sombre sous les vagues déchainées. L'ennemi reste immobile et stupéfait, contemplant avec une admiration mêlée de terreur ce naufrage victorieux !

Un autre vaisseau, *le Terrible*, imite l'exemple du *Vengeur*, et préfère couler bas plutôt que d'amener son pavillon.

Après cette glorieuse bataille, la flotte française se dirigea vers Brest, où elle rentra le 15 plairial (3 juin). Elle y trouva le convoi d'Amérique qui, sous les ordres du contre amiral Vaustabel, était heureusement arrivé au port sans avoir rencontré d'ennemis. La France était encore une fois sauvée de la famine par le dévouement de ses marins.

Villaret s'opposa, autant qu'il le pût, à la sortie d'hiver qui eut lieu en l'an III, et qui vit périr un si grand nombre de nos vaisseaux. En l'an IV et l'an V il se signala par de nouvelles actions d'éclat et fut, en 1797, nommé député du Morbihan, au conseil des Cinq-cents. Condamné à la déportation, le 18 fructidor, il fut rappelé par le premier consul, à son avénement au pouvoir, et reçut, en 1801, le commandement de la flotte expéditionnaire dirigée contre Saint-Domingue. Enfin, en 1802, il fut fait capitaine-général de la Martinique et de Sainte-Lucie. Attaqué par les Anglais, en 1809, il se vit forcé de rendre la première de ces deux îles, après avoir éprouvé dans le fort Bourbon le bombardement le plus terrible. Il mourut à Venise, en 1812, gouverneur-général de cette place et commandant de la quatrième division militaire.

SURCOUF

Robert Surcouf est encore un enfant de Saint-Malo. Il naquit dans cette ville, le 12 décembre 1773. Il descendait par sa mère de la Barbinais et de Duguay-Trouin, et il était, pour ainsi dire, marin en venant au monde. Ses parents essayèrent en vain de lui faire adopter la profession religieuse, il n'était ni studieux ni dévot et n'aimait qu'à courir sur le port, où il trouvait parfois l'occasion de faire de courtes promenades en mer avec les pécheurs. Enfin, lui voyant un goût aussi décidé pour la vie maritime, sa famille finit par consentir à ce qu'il s'embarquât sur un petit navire de commerce qu'il abandonna bientôt pour s'enrôler, comme volontaire, à bord de *l'Aurore*, frêtée pour les Indes. Assailli par une effroyable tempête, ce bâtiment fut jeté à la côte, et Surcouf monta successivement *le Saint-Antoine, le Courrier-d'Afrique, la Revanche* et enfin *la Bienvenue* qui le ramena à Saint-Malo.

A son retour dans sa ville natale, il s'éprit profondément d'une jeune fille fort riche, et résolut, pour obtenir sa main, de se créer une fortune à quelque prix que ce fut. En conséquence, il ne passa que six mois dans sa famille, et se remit en mer le 27 août 1792, sur *le Navigateur*. Il fit ensuite la traite des noirs sur *le Créole*, puis obtint le commandement du corsaire *l'Émilie*. Sa première course eut des résultats fabuleux. Malgré la chasse obstinée que lui firent les croiseurs anglais à son apparition sur les mers, il s'empara, sans coup férir, de six bâtiments marchands, parmi lesquels se trouvaient *la Diana* et *le Triton*, puis il revint de nouveau en France, où il fit un séjour de quatorze mois. Rembarqué en juillet 1798, à bord de *la Clarisse*, il mit en fuite un fort navire de guerre anglais, puis se rendit maître d'un riche bâtiment de commerce. Sa troisième course ne le céda en rien aux deux premières; il amarina en peu de temps *la Louisia* et six autres navires sous différents pavillons.

Enfin, en 1800, Surcouf exécuta sa quatrième expédition. Le capitaine malouin avait alors vingt-six ans. C'était un homme de cinq pieds six pouces et taillé en hercule. Il avait l'œil fauve et brillant, le nez court, les lèvres minces, le visage couvert de taches de rousseur et bronzé par le soleil. Terrible dans les batailles, il devenait au port ce qu'on appelle un *bon vivant*, et menait franche et joyeuse vie. Cette fois, c'était à bord de *la Confiance*, joli navire bordelais de 18 canons et d'une vélocité extrême, qu'il allait accomplir ses mémorables exploits.

Il est à peine en mer qu'il rencontre un bâtiment hollandais, *le Bato*, dont l'équipage, surpris par un calme de quarante-six jours, mourrait littéralement de faim. Surcouf lui fait parvenir des vivres, continue sa route et capture six navires dans l'espace d'un mois. Rencontré par *la Sybille*, forte frégate de guerre anglaise, il lui échappe par la plus audacieuse des ruses et, le lendemain, 7 août, se trouve en vue du *Kent*, vaisseau de la Compagnie des Indes portant trente-huit canons et 437 combattants. Soupçonnant ce navire chargé d'une riche cargaison, il prend la résolution de l'attaquer à la tête de ses 130 matelots, et gouverne de façon à l'aborder immédiatement. Par son ordre, ses hommes se couchent sur le pont et supportent froidement quatre volées successives. Enfin, les grappins tombent à bord de l'Anglais, et nos marins se relevant brusquement, se groupent en plusieurs escouades. Les uns sont armés de pesantes haches, d'autres portent des piques de quinze pieds de long. Ceux-ci ont à leur ceinture un véritable arsenal de sabres, de pistolets, de poignards; ceux-là tiennent une espingole chargée de six balles Enfin, quelques-uns brandissent en jurant d'énormes gourdins qui, dans leurs mains exercées sont plus redoutables que le fer. Tous ont les sourcils froncés, les yeux sanglants, l'écume à la bouche. Surcouf donne le signal et son équipage s'élance d'un bond prodigieux sur le bâtiment ennemi. Un nègre, nommé Bambou s'affale du haut de la grande vergue du milieu des Anglais et pose, le premier, le pied sur *le Kent*. Pendant ce temps, un officier, Drieux, a conquis le gaillard d'avant et s'y maintient malgré les efforts faits pour l'en déloger. Du haut des hunes de *la Confiance*, les grenades pleuvent sur l'ennemi, tandis que d'adroits tirailleurs, embusqués sur la drome et dans la chaloupe ajustent d'un œil infaillible les chefs britanniques qui tombent un à un sous le canon de leurs carabines. Surcouf, dont la voix domine le tumulte, s'arrête sur le gaillard d'avant du *Kent*, et laisse à ses hommes le temps de respirer un instant. Les Anglais, entassés à l'arrière du navire, font face à leurs agresseurs et s'apprêtent à les repousser. Tout à coup, nos rangs s'ouvrent, deux pièces chargées jusqu'à la gueule, vomissent la mitraille sur l'ennemi, les grenades éclatent, les balles sifflent. Le capitaine anglais Rivington est tué sur son banc de quart. Aussitôt, Surcouf, les bras nus, la poitrine découverte, s'élance tête baissée, portant de furieux coups de hache. Ses compagnons le suivent en rugissant. Les Anglais se serrent en vain, leurs rangs s'éclaircissent rapidement. On se prend corps à corps, on se mord, on se déchire, on s'étrangle! Parfois les combattants roulent à la mer et se noient ou sont écrasés entre les deux navires. C'est horrible, mais c'est majestueux et sublime! Enfin, nos adversaires lâchent pied, la dunette, le gaillard d'arrière sont emportés, on se précipite dans la batterie... Le pavillon tricolore flotte sur *le Kent*, au-dessus du yak britannique renversé en signe de défaite!

A la suite de ce beau combat, Surcouf rentra à l'île de France avec sa prise, puis revint en France sur *la Clarisse*. Le 8 plairial, an IX de la République (28 mai 1801), il épousait à Saint-Malo mademoiselle Marie-Catherine Blaize, et quelque temps après, le premier consul le nommait chevalier de la légion d'honneur

Le corsaire ne reprit la mer qu'en 1807, sur *le Revenant*. Ce fut la dernière course qu'il dirigea en personne, mais dès lors, il s'adonna exclusivement aux armements contre les Anglais, auxquels il avait voué une haine invétérée. C'est ainsi qu'il lança *l'Auguste*, *la Dorade*, *la Biscayenne*, *l'Edouard*, *la Ville-de Caen*, *l'Adolphe*, *le Renard*. Il fut nommé colonel de la milice urbaine de Saint-Malo, devint à la paix un des plus riches armateurs de cette ville, et mourut à Saint-Servan, le 8 juillet 1827.

DU PETIT-THOUARS

Aristide-Aubert Du Petit-Thouars vint au monde en 1760, au château de Boumois, près de Saumur. Destiné à la carrière des armes, il entra de bonne heure à l'école militaire de la Flèche pour y commencer ses études, et là, sa véritable vocation lui fut révélée tout à coup à la lecture de Robinson Crusoé. Dès-lors, il ne rêva plus que voyages lointains, naufrages aventureux, terres inconnues et désertes. Il composa même un roman dans ce genre et finit par faire partager ses goûts à l'un de ses camarades avec lequel il prit un jour la fuite. Leur intention était de gagner Nantes et de s'embarquer, comme mousses, à bord du premier navire venu, mais on se mit à leur poursuite, et force leur fut de renoncer à leurs projets.

C'est à la suite de cette escapade que le jeune Du Petit-Thouars passa à l'école militaire de Paris et de là au régiment de Poitou. Cependant son penchant pour la vie maritime ne tarda pas à se manifester de nouveau. Il sollicita d'abord la faveur d'accompagner le capitaine anglais Cook, dans un de ses voyages autour du monde, puis il fut reçu garde-marine, en 1778. Il monta successivement à bord du *Fendant*, de la *Couronne*, du *Tarleton*, fit plusieurs croisières et prit part au combat d'Ouessant, à la prise du fort Saint-Louis du Sénégal, à celle de la Grenade, etc., etc.

De retour dans sa patrie, il projeta avec son frère Aubert-Aubert Du Petit-Thouars, botaniste distingué, d'aller à la recherche de l'infortuné La Pérouse. Ayant ouvert une souscription qui ne produisit pas les fonds suffisants, les jeunes gens vendirent l'héritage paternel, mais, au moment de mettre à la voile, l'aîné des deux fut arrêté pour délit politique, et Aristide, partit seul le 2 août 1792.

Le navigateur toucha d'abord à l'île du Sel, où il sauva des horreurs de la famine quarante Portugais qu'il transporta à Saint-Nicolas, après quoi, il poursuivit l'itinéraire qu'il s'était tracé. Il avait à peine repris la mer qu'une affreuse épidémie fit périr le tiers de son équipage; il gagna alors l'île Fernand de Noronha, mais il fut arrêté au mépris du droit des gens par les Portugais, qui l'envoyèrent prisonnier à Lisbonne, après avoir saisi son bâtiment. C'est de cette singulière façon qu'ils récompensèrent celui qui venait de rendre un aussi éminent service à leurs compatriotes.

Après une assez longue captivité dans la capitale du Portugal, Du Petit-Thouars se rendit en Amérique où il eut un instant l'intention de se fixer. Le désir de revoir la France l'emporta, et il ne fut pas plutôt à Paris, que le Directoire fit auprès de lui des démarches afin qu'il acceptât un emploi dans la marine de l'Etat. Le marin entendit la voix de sa patrie, et prit le commandement du *Tonnant*, vaisseau de quatre-vingt canons, désigné pour l'expédition d'Egypte. Notre escadre sous les ordres de Brueys, mit à la voile le 19 mai, échappa comme par miracle à la vigilance de la flotte anglaise, s'empara de Malte, et déposa heureusement Bonaparte sur *la terre des prodiges*; mais Nelson, dépité de nous avoir manqués au passage, se mit à notre poursuite et se présenta bientôt devant notre mouillage d'Aboukir, au moment où la moitié de nos équipages était à terre. C'était le 1ᵉʳ août 1798, un soleil resplendissant brillait au ciel. L'amiral anglais, après avoir reconnu notre position, donna le signal de l'attaque, et quelques-uns de ses navires, s'engageant audacieusement dans une passe étroite, prirent nos bâtiments entre deux feux.

En un instant, les détonations de l'airain roulèrent sur toute la ligne, et des spirales d'épaisse fumée s'élevèrent dans les airs, obscurcissant l'azur limpide du firmament. Parmi ces nombreux vaisseaux de haut-bord s'entre-déchirant à l'aide de leurs retentissantes batteries, *l'Orient* et le *Tonnant* se faisaient remarquer par leur merveilleuse résistance. Le navire anglais, *le Bellérophon*, après avoir perdu deux cents hommes sous le travers de *l'Orient*, amena son pavillon. *Le Majestic*, combattu par *le Tonnant*, se laissa dériver pour échapper aux coups d'un si vigoureux adversaire. Pendant ce temps, *le Spartiate, le Franklin, le Peuple-Souverain, le Guerrier, le Conquérant* soutenaient dignement l'honneur de leur pavillon. Cependant *l'Orient*, enveloppé par la flotte anglaise voit le feu de l'ennemi décimer son valeureux équipage, Brueys, déjà blessé, reste intrépidement à son poste, encourageant ses hommes à bien faire. Un boulet le frappe en plein corps et le coupe presque en deux. On se presse autour du malheureux officier dans l'intention de le transporter au poste des blessés, mais il s'y refuse en s'écriant : « *Laissez-moi ici: un amiral français doit mourir sur son banc de quart !* » Son capitaine de pavillon Casa-Bianca tombe à ses côtés, blessé mortellement. Soudain, l'incendie se déclare à bord, et ses reflets embrasent tout le champ de bataille. Mais les flammes rugissent en vain, nos marins ne quittent pas leurs canons, et continuent la lutte avec ardeur. Cependant, le feu gagne toujours et bientôt on apprend qu'il est près d'atteindre la sainte-barbe. L'airain tonne une dernière fois, puis un fracas épouvantable se fait entendre. C'est *l'Orient* qui éclate, mais fier et invaincu, avec ses caronades grondant à ses sabords et son pavillon tricolore déployé haut dans les airs.

Assailli par plusieurs navires, *le Tonnant* oppose de même une opiniâtreté imperturbable aux bordées non interrompues de l'ennemi. Le chevaleresque Du Petit-Thouars a déjà les deux bras emportés par les projectiles, lorsqu'un nouveau boulet lui coupe les deux jambes. Il se fait mettre dans un tonneau de son, afin d'arrêter l'effusion du sang, et continue de commander le feu Oh! sentiment sacré de la patrie! amour sublime de la terre natale! quels beaux dévouements tu inspires!.. Calme au milieu des plus horribles souffrances, le héros se roidit contre la douleur et contemple le combat avec un sombre enthousiasme. Les Anglais ne cessent d'accabler *le Tonnant* de boulets et de mitraille. Les pièces françaises se taisent faute de servants, les combattants ont du sang jusqu'à la cheville. Du Petit-Thouars se sent défaillir et voit sa fin approcher. Ses yeux jettent alors un dernier éclair sur son front pâle et il s'écrie avec le suprême accent de l'agonie : « *Matelots du* Tonnant, *jetez mon cadavre à la mer! matelots du* Tonnant, *ne vous rendez pas, clouez votre pavillon!* » Il expire! et un long cri de *Vive la France!* répond aux dernières paroles de l'héroïque capitaine.

APPENDICE

Les noms glorieux que nous venons de citer, ne sont pas les seuls dont puisse s'enorgueillir notre histoire navale. Il en est d'autres qui moins connnues peut-être, brillent cependant d'un certain éclat, et il serait injuste de les passer sous silence. Nous devons, en outre, pour compléter cet ouvrage, donner un aperçu historique des événements maritimes qui se sont accomplis en France, depuis le commencement de ce siècle jusqu'à nos jours.

Nous commencerons par Porcon de la Barbinais. Ce capitaine, originaire de Saint-Malo, commandait une frégate de trente-six canons, avec laquelle il traquait les corsaires barbaresques, lorsqu'il fut fait prisonnier et conduit à Alger. Une escadre française, sous la conduite du duc de Beaufort et du chevalier Paul, ayant, sur ces entrefaites, presque entièrement détruit la flotte du dey, celui-ci envoya La Barbinais auprès de Louis XIV, afin de négocier la paix, mais en lui faisant jurer de revenir, s'il ne réussissait pas. « *Souviens-toi*, lui dit-il, *que les têtes de six-cents captifs me répondent de la tienne.* » Porcon remplit fidèlement sa mission, malheureusement les propositions des Turcs étaient inacceptables Le marin se rendit alors à Saint-Malo pour y faire ses adieux à sa famille et revint à Alger, où le dey impitoyable, lui fit trancher la tête. Régulus, si célèbre dans l'histoire romaine, n'avait pas fait davantage que l'obscur capitaine malouin.

N'oublions pas de mentionner ici les intrépides Destouches et Kergariou-Locmaria. Ces deux officiers, dignes émules de d'Estaing et de La Motte-Picquet, illustrèrent noblement le règne de Louis XVI, déjà si fécond en navigateurs célèbres. Le premier fit un grand nombre d'actions remarquables; le second s'immortalisa par un combat désespéré qu'il soutint contre les Anglais, en janvier 1783, et qui peut être comparé aux plus brillants faits d'armes dont l'Océan fut le théâtre. Charles Cornic, le corsaire, fils d'un armateur de Morlaix, acquit aussi vers le même temps un grand renom par son beau caractère et son incroyable témérité.

Cependant, la Révolution venait d'éclater, et notre marine était tombée dans une désorganisation complète. Nos officiers de mer, nobles et titrés pour la plûpart, avaient suivi le torrent de l'émigration. La France n'avait plus ni vaisseaux, ni capitaines, ni marins. Pour surcroît de détresse, la plus infâme des trahisons livra notre premier port militaire aux implacables ennemis de notre puissance navale. On se demandait vainement avec quels moyens on lutterait contre les redoutables adversaires qui bloquaient insolemment nos côtes C'est à ce moment de trouble et d'anxiété que furent lancés les premiers navires armés en course. Dogres, lougres, bricks, trois-mâts et goëlettes, fondirent sur les flots comme autant d'oiseaux de proie, courant sus aux bâtiments de commerce ennemis qui naviguaient avec la plus douce quiétude. Tous les ports rivalisèrent de zèle et d'enthousiasme dans l'armement des corsaires : Marseille en expédia trente-trois, Saint-Malo dix-sept, le Hâvre vingt-huit et Dunkerque vingt-quatre. La Manche, l'Océan, la Méditerranée furent bientôt sillonnés en tous sens par ces frêles embarcations devant lesquelles fuyaient les gros navires marchands de la Grande-Bretagne, de l'Espagne et de la Hollande. Parmi les braves qui s'illustrèrent dans cette espèce de *guerilla* maritime, on peut citer : Mordeille et Charabot, de Marseille; Dubedat, de Bordeaux; Léveillé, de Nantes; Capel, de Saint-Malo; Lefèvre, Pinel et Lantonne, du Hâvre; Belhomme, de Dieppe; Carry et Fourmentin, de Boulogne; Vandezande, de Dunkerque; Margolle, de Calais; etc., etc. Chaque jour ils s'enhardissaient davantage, et quelques-uns, comme Lebrun et Maleroux, allèrent porter leurs exploits jusque dans les mers des Indes. Pendant ce temps, les flottes françaises se reformaient et furent bientôt en état de livrer des batailles rangées et de tenter de grandes expéditions, telles que celles d'Egypte et d'Irlande. Là se distinguèrent Truguet, Latouche-Tréville, Morard de Galles, Troude, Decrès, Bruix, Saint-Julien, Bouvet, Lacrosse, Linois, Sercey, Villeneuve, Renaud, Martin, Vaultier, Saunier, etc., etc.

Enfin, Napoléon résolut de frapper un grand coup et d'en finir avec l'Angleterre. En conséquence, il ordonna la formation du camp de Boulogne, et l'on vit s'acheminer vers le détroit les vieux bataillons du Rhin et des Alpes. La Grande-Bretagne pâlit un instant sous la main menaçante de l'empereur. En vain, envoya-t-elle Nelson pour détruire les préparatifs de l'expédition dirigée contre elle; nos chaloupes canonnières ne craignirent pas de se mesurer avec ses navires de haut-bord, et la victoire resta fidèle aux aigles françaises. Nos soldats se voyaient déjà aux portes de Londres, et chantaient gaîment :

> « *Traverser le détroit*
> *N'est pas la mer d boire.* »

Dieu et l'or de notre ennemie en décidèrent autrement. Une vaste coalition fut ourdie contre la France, nos baïonnettes se retournèrent vers le continent, et l'Angleterre se racheta d'une ruine imminente avec le sang des Autrichiens et des Russes.

Le 21 octobre 1805, les flottes combinées de France et d'Espagne rencontrèrent l'armée navale anglaise en vue du cap Trafalgar. L'amiral ennemi Nelson qui avait sur nous l'avantage du vent, forma deux groupes de ses vaisseaux et les lança sur notre ligne, dans l'intention de la couper en plusieurs parties. A onze heures du matin, le feu commença de part et d'autre avec une rare vigueur. Malheureusement, un grand nombre de nos bâtiments tels que le *Bahama*, le *Montanez*, l'*Argonauta*, le *San Augustino*, le *San Francisco de Asis*, le *Monarca*, le *Rayo*, l'*Argonaute*, le *San Leandro*, le *San Justo*, l'*Indomptable*, le *San Nepomuceno* le *San Ildefonso* furent entraînés par la brise loin de leur poste de combat, laissant ainsi un vide dont se hâta de profiter l'ennemi, afin d'entourer ceux qui lui résistaient. Parmi ces derniers étaient le *Bucentaure*, monté par l'amiral français Villeneuve; le *Prince des Asturies*, où combattait l'amiral espagnol Gravina; la *Santissima Trinidad*, commandé par le vi e-amiral Cisneros, le *Santa-Anna* sur lequel se trouvait le vice-amiral Alava; l'*Algésiras*, défendu par le contre-amiral Magon ; le *Redoutable*, l'*Intrépide* aux ordres des capitaines Lucas et Infernet ; l'*Achille*, le *Héros*, le *Berwick*, l'*Aigle*, le *Swiftsure*, le *Neptune*, le *Fougueux* et le *Pluton*. Le vaisseau anglais le *Royal-Souverain*, que commandait l'amiral Colingwood s'était attaqué au *Santa-Anna* et au *Fougueux*; *le Tonnant* s'était pris corps à corps avec *l'Algésiras*; *le Victory* qui portait l'amiral Nélson et *le Téméraire* s'acharnaient après *le Redoutable*; nos autres navires se trouvaient cernés, chacun par deux ou trois vaisseaux de la Grande-Bretagne. Le contre-amiral Dumanoir, auquel obéissaient plusieurs bâtiments formant l'avant-garde, aurait pu se rabattre sur l'ennemi et le prendre entre deux feux, mais il n'en fit rien et se tint lâchement en vue du carnage, sans ressentir un instant le noble désespoir qui animait ses frères d'armes. Cependant, les vaisseaux qu'il abandonnait à leur funeste sort, luttaient vaillamment et faisaient payer cher à leurs adversaires le triomphe du yak britannique. Villeneuve, Gravina, Cisneros, Magon, Aviva, Lucas, Infernet et bien d'autres encore, encourageaient par de nobles paroles leurs héroïques matelots. Les cris de *Vive la France! vive l'Empereur!* éclataient au milieu du fracas de l'airain et des gémissements des victimes. Mais une lutte aussi disproportionnée ne pouvait être de longue durée. L'intrépide Magon tombe et meurt frappé de trois blessures. Aviva est gravement atteint par le feu. Gravina reçoit un coup mortel. Villeneuve accablé de douleur et dans l'impossibilité de se défendre plus longtemps, remet enfin son épée au vainqueur. Lucas, sur *le Redoutable*, voit en pleurant de rage, périr la moitié de son effectif au moment où il va s'élancer à l'assaut du *Victory*; cependant, il ne songe pas encore à capituler, et une balle partie de ses hunes venge la France en tuant Nelson sur son banc de quart. Le capitaine Infernet ne rend son navire qu'au moment où il va sombrer. *L'Achille* saute dans les airs plutôt que d'amener son pavillon. Une nation doit être fière d'avoir à enre-

-gistrer de telles défaites dans ses annales !.. Sept mille des nôtres ont succombé dans ce gigantesque duel. Dix-sept de nos vaisseaux sont au pouvoir de l'ennemi, mais tout à coup un ouragan terrible éclate et couche vainqueurs et vaincus sur les vagues profondes. Les navires percés à jour font eau de toutes parts, et chacun d'eux s'occupe de son propre salut. Les prisonniers hispano-français profitent de cette circonstance pour briser leurs fers et reconquérir leurs bâtiments. *Le Bucentaure*, *l'Algésiras*, *l'Indomptable*, *le Fougueux*, *le Redoutable*, *le Monarca*, *le Santa-Anna*, *le Neptuno*, *l'Aigle* s'échappent pendant la tempête, préférant se briser contre les récifs de la côte que de servir de trophées à la flotte victorieuse !

Ganteaume, Duperré, Roussin, Rigny, Willaumez, Jacob, Hugon, Mackau, l'Hermite furent les plus célèbres marins de l'empire. C'est aussi à cette époque que se signala le fameux corsaire Doublet, de Honfleur, ainsi que plusieurs autres aventuriers infatigables qui ne déposèrent les armes qu'à la paix.

La Restauration compta peu d'événements maritimes importants jusqu'en 1827. Les Grecs se lassaient enfin du despotisme de Mahomet, la patrie de Léonidas s'était levée comme un seul homme, et l'audacieux Canaris avait déjà livré aux flammes plus d'une nef ottomane. Pourtant, il était facile de prévoir le dénouement d'une lutte entre les oppresseurs et les opprimés ; la Grèce devait être inévitablement écrasée sous les hordes barbares du sultan. Mais les plus grandes puissances européennes, la France, l'Angleterre et la Russie prirent en main la défense de la croix contre le croissant, et les choses changèrent subitement de face. Trois escadres, l'une française, aux ordres de l'amiral de Rigny, la seconde, anglaise, commandée par l'amiral Codrington, et la troisième, russe, sous la conduite de l'amiral Heyden, opérèrent leur jonction dans l'Archipel. La flotte turco-égyptienne était mouillée à Navarin. On essaya de négocier, mais inutilement, et le glaive fut chargé de résoudre le problême qui fixait l'attention de toute l'Europe. Le 20 octobre 1827, les navires chrétiens au nombre de quatorze, dont dix vaisseaux et quatre frégates, attaquèrent l'armée navale des musulmans. Celle-ci formait une triple ligne d'embossage disposée en fer à cheval, et comptait trois vaisseaux de ligne, un vaisseau rasé, seize frégates, cinquante-cinq corvettes et bricks de guerre, quarante bâtiments de transport et six brulots. Le port de Navarin était, en outre, défendu par une citadelle et une batterie. Le combat commença à deux heures, et Français, Anglais et Russes firent admirablement leur devoir. Une frégate turque *l'Isiana*, montée par un brave officier, le capitaine Hassan-Bey et par 560 hommes d'équipage fut incendiée et sauta en l'air. Le combat dura quatre heures, et ne cessa que lorsque cent bâtiments ennemis eurent été détruits ou coulés bas. Les Turcs et les Egyptiens avaient perdu six mille morts et mille blessés. La perte des alliés était insignifiante, comparativement à cet immense désastre, et consistait en quelques centaines de braves qui avaient scellé de leur sang l'indépendance de la Grèce!

C'est environ six semaines après cette bataille mémorable que l'héroïque capitaine Bisson fit sauter son navire abordé par les pirates de l'Archipel, et les ensevelit avec lui dans sa catastrophe. Hippolyte Bisson était né à Guémenée (Morbihan) et avait alors trente-et-un ans.

En 1830, une puissante flotte fut réunie à Marseille et à Toulon, pour transporter notre armée en Afrique. Elle était commandée par l'amiral Duperré et se composait de cent trois bâtiments de l'Etat et de six cent soixante cinq navires de commerce, destinés au transport du matériel et des vivres. La traversée s'accomplit heureusement et l'expédition débarqua à Sidi-Ferruch, sous la protection des canons de l'escadre, qui concourut aussi d'une manière active à l'attaque et à la conquête d'Alger.

En 1831, les habitants de la Romagne s'étant révoltés contre le pape, le saint Père demanda secrètement des secours à l'Autriche, et fit occuper Bologne par un corps allemand de six mille hommes. La nouvelle de cet événement ne se fut pas plutôt répandue à Paris, que le cabinet des Tuileries crut ne point devoir souffrir davantage le mystère dont Sa Sainteté usait à son égard. En conséquence, un vaisseau *le Suffren*, et deux frégates, *l'Arthémise* et *la Victoire* mirent immédiatement à la voile, emportant à bord deux bataillons du 66ᵉ de ligne, commandé par le colonel Combes. La petite escadrille mouilla bientôt en rade d'Ancône, et, dans la nuit du 22 au 23 février, des compagnies de débarquement assaillirent brusquement la ville et s'en emparèrent sans effusion de sang. Ce hardi coup de main fit le plus grand honneur au commandant supérieur Le Gallois, aux capitaines de vaisseau Kerdrain et Serres, et principalement à l'intelligent et brave colonel Combes qui a trouvé depuis une mort glorieuse sur la brèche de Constantine.

Le 27 novembre 1838, la citadelle de Saint-Jean d'Ulloa, qualifiée d'imprenable par les Mexicains, échangeait un feu terrible avec une escadre française, aux ordres de l'amiral Baudin. Les frégates *la*

Néréide, *la Gloire* et *l'Iphigénie*, les bateaux à vapeur *le Météore* et *le Phaëton*, la corvette *la Créole*, commandée par le prince de Joinville, et deux bombardes s'étaient embossés en face du rivage, d'où cent cinquante pièces mexicaines répondaient au retentissement de nos sabords. Le combat, une fois engagé, dura jusqu'à ce que la nuit vint contrarier la justesse de notre tir. Deux magasins à poudre sautèrent dans les airs, et l'un des forts, appelé *le cavalier*, s'écroula sous nos obus, nos boulets et nos bombes. Néanmoins, la citadelle continua de riposter à nos coups, et les Mexicains firent bonne contenance malgré la grêle de projectiles dont nous les accablions. Enfin, ils se décidèrent à parlementer et se rendirent à discrétion le lendemain, 28. Leurs pertes s'élevaient à quatre cents hommes mis hors de combat. Quant à nous, nous n'avions à regretter que cinq hommes tués, dont un jeune élève, M. de Raime ; nous comptions, en outre, trente blessés, parmi lesquels quatre officiers. En vertu de cette capitulation, une corvette, trois bricks et quatre goëlettes, tous navires de guerre mexicains, tombèrent en notre pouvoir et furent immédiatement amarinés.

En 1844, la France ayant été provoquée par l'empereur de Maroc, une escadre fut envoyée contre cet État, pendant que le maréchal Bugeaud l'envahissait par les frontières d'Algérie. Nos navires étaient sous les ordres du prince de Joinville qui, en 1840, avait rapporté en France les restes mortels du proscrit de Saint-Hélène. Le jeune commandant se présenta d'abord devant Tanger, et, le 6 août, à 9 heures du matin, *le Suffren*, *le Jemmapes*, *le Triton*, *la Belle-Poule*, *le Cassard* et *l'Argus* commencèrent le bombardement de la place dont les remparts furent démantelés et ruinés en moins d'une heure. Le prince de Joinville rallia aussitôt sa division et se dirigea vers Mogador qu'il attaqua le 15. Après qu'on eut, pendant trois heures, foudroyé les batteries et les forts de l'ennemi, cinq cents hommes se jetèrent dans des chaloupes et gagnèrent le rivage, malgré le feu le plus vif. Le valeureux fils de Louis-Philippe, secondé par le lieutenant-colonel Chauchard et par le capitaine de corvette Duquesne, conduisait lui-même cette petite colonne qui gravit un talus escarpé au pas de course et se précipita tête baissée dans les ruelles obscures et tortueuses de la ville. Les Marocains se défendirent en désespérés, mais après un grand carnage, ils reculèrent enfin devant nos troupes et nous abandonnèrent le champ de bataille. Ces deux succès maritimes, unis à la victoire d'Isly, remportée le 14 août par le maréchal Bugeaud, soumirent le Maroc à nos armes, et, dès ce moment, furent entamées des négociations sérieuses qui aboutirent à la paix de 1845.

A l'époque ou l'Angleterre, les États-Unis et la Russie multipliaient les expéditions dans le but de retrouver les traces du navigateur anglais sir John Franklin, perdu depuis plusieurs années dans les glaces polaires, un de nos jeunes officiers de marine, le lieutenant Bellot, né à Paris en 1826, sollicita la faveur de servir comme volontaire à bord du *Prince-Albert*, navire britannique qui allait tenter de nouvelles recherches. Bellot avait alors vingt-cinq ans, il était chevalier de la légion d'honneur, et s'était attiré depuis longtemps l'estime et la confiance de ses chefs supérieurs. Sa conduite sur le bâtiment anglais fut tellement honorable, que les matelots lui vouèrent bientôt un attachement et un respect sans bornes. Ce malheureux jeune homme ne devait pas revoir sa patrie. Engagé avec quelques marins sur

un bras de mer glacé qu'il traversait à pied, la dé
bacle se déclara sous ses pas et il fut emporté sur
un glaçon, au milieu des tourbillons de neige sou-
levés par la tempête. Sa mort fut un sujet de deuil
pour les officiers et l'équipage du *Prince-Albert*,
Bellot avait rédigé, dans le cours de son voyage.
un intéressant journal qui vient d'être publié depuis peu. Les explorateurs du pôle ont d'ailleurs
consacré son nom, en le donnant à plusieurs points
remarquables de ces régions désolées et terribles.

Lorsque éclata la guerre d'Orient, de grandes
forces navales furent dirigées contre la Russie, aux
deux extrémités de l'empire moscowite; une flotte
occupa la mer Noire et une autre la Baltique. La
première, sous les ordres du vice-amiral anglais
Deans Dundas et de l'amiral français Hamelin, vint
bloquer Sébastopol par mer, et contribua beaucoup
à la conquête de cette place par les attaques réitérées qu'elle exécuta contre elle. Le vaisseau *la Ville-
de-Paris* et plusieurs autres se distinguèrent surtout dans la journée meurtrière du 17 octobre 1854.
Malheureusement, un affreux ouragan qui s'éleva
plus tard dans ces parages occasionna des sinistres,
et nous eûmes à regretter le magnifique trois-ponts
le *Henri IV*, jeté à la côte par la tempête. Pendant
ce temps, la seconde escadre combinée, que com-
mandaient l'amiral anglais Charles Napier et le vice-
amiral français Parseval-Deschênes, s'emparait de
Bomarsund, des îles d'Aland, de Sweaborg, et venait menacer de ses boulets les murs crénelés de
Cronstadt. Les baïonnettes de nos fantassins ache-
vèrent l'œuvre commencée par le canon de nos matelots. La prise de Malakoff décida des destins de
cette guerre, qui couvrit d'un baptême de gloire
l'aurore de la nouvelle ère impériale.

La signature de la paix entre les puissances alliées et la Russie n'a pas rendu notre marine inactive. Elle vient encore de s'illustrer par de brillants faits d'armes en Chine et en Cochinchine. Pendant que ces expéditions laborieuses et lointaines nous forment des officiers instruits et d'excellents matelots, la France se crée un vaste et solide matériel de navigation. Le magnifique port de Cherbourg, inauguré avec tant de pompe et d'éclat, couvre ses riches arsenaux d'une formidable ceinture de remparts. Chaque année voit lancer de nouveaux navires, et nos chantiers de construction sont en pleine activité. La sagesse et l'humanité veulent qu'on souhaite à notre patrie un avenir pacifique et prospère qui facilite l'essor de la civilisation et du commerce, mais il est bon qu'une aussi grande nation que la nôtre soit prête à toute éventualité. Vienne donc la guerre, si notre gloire ou nos intérêts l'exigent ! elle trouvera la France appuyée sur ses armées et sur ses flottes, et défiant les efforts de ses ennemis, quels que soient leur audace et leur nombre !

Paris, imprimerie de Ch. Bonnet et Comp., 12, rue Vavin.

Toute d
chef-d'œu
tique. Je d
rale, la ga
velours, l
style, d'u
noirs et de
violentes t
des group
donne. Be
d'une réali

J'ai song
rire nacré

Le Giaou

« Il a dé
désœuvrem

www.ingramcontent.com/pod-product-compliance
Lightning Source LLC
LaVergne TN
LVHW020208030726
842520LV00003B/951